Andrea Schnepp

Hör hin und löse den Fall!

8 Kriminalfälle zum Hörverstehen mit Audios, Lesetexten und differenzierten Aufgaben für Klasse 3–4

ÜBUNGSMATERIAL
DEUTSCH

Die Umwelt liegt uns am Herzen! Konkret bedeutet das: Wir verwenden ausschließlich recyceltes Papier und vermeiden Plastik, wo es möglich ist. Dieses Produkt wurde aus diesem Grund nicht eingeschweißt. Auch haben wir bei der Herstellung des Umschlags auf eine Cellophan-Schicht verzichtet. Alle in diesem Produkt verwendeten Papiere bestehen zu mindestens 50 % aus Recyclingfasern. Das Inhaltspapier dieses Buches ist gemäß DE-UZ 14a Blauer-Engel-zertifiziert.

FSC www.fsc.org
MIX
Papier | Fördert gute Waldnutzung
FSC® C130643

Wir haben uns für die Schreibweise mit dem Sternchen entschieden, damit sich Frauen, Männer und alle Menschen, die sich anders bezeichnen, gleichermaßen angesprochen fühlen. Aus Gründen der besseren Lesbarkeit für die Schüler*innen verwenden wir in den Kopiervorlagen das generische Maskulinum. Bitte beachten Sie jedoch, dass wir in Fremdtexten anderer Rechtegeber*innen die Schreibweise der Originaltexte belassen mussten.

In diesem Werk sind nach dem MarkenG geschützte Marken und sonstige Kennzeichen für eine bessere Lesbarkeit nicht besonders kenntlich gemacht. Es kann also aus dem Fehlen eines entsprechenden Hinweises nicht geschlossen werden, dass es sich um einen freien Warennamen handelt.

1. Auflage 2024

Autor*innen Andrea Schnepp
Redaktion Christina Heckl
Coverillustration Katharina Reichert-Scarborough
Illustrationen Katharina Reichert-Scarborough, Sybille Schreiber
Satz Fotosatz H. Buck, Kumhausen
Druck und Bindung Druckerei Joh. Walch GmbH & Co. KG

ISBN 978-3-7468-**1152**-9
www.lernbiene.de

Inhalt

Erläuterungen 4

Exemplarischer Stundenverlauf 6

Ärger auf dem Fußballplatz

Hinweise für die Lehrkraft 8
Hörspieltext 9
Aufgaben leicht 12
Aufgaben schwer.................... 14
Lösungen.......................... 16

Der Feuerteufel

Hinweise für die Lehrkraft 18
Hörspieltext 19
Aufgaben leicht 22
Aufgaben schwer.................... 24
Lösungen.......................... 26

Gift-Alarm?!

Hinweise für die Lehrkraft 28
Hörspieltext 29
Aufgaben leicht 32
Aufgaben schwer.................... 34
Lösungen.......................... 36

Verdacht im Schwimmbad

Hinweise für die Lehrkraft 38
Hörspieltext 39
Aufgaben leicht 42
Aufgaben schwer.................... 44
Lösungen.......................... 46

Vermisst!

Hinweise für die Lehrkraft 48
Hörspieltext 49
Aufgaben leicht 52
Aufgaben schwer.................... 54
Lösungen.......................... 56

Der Schuhdieb

Hinweise für die Lehrkraft 58
Hörspieltext 59
Aufgaben leicht 62
Aufgaben schwer.................... 64
Lösungen.......................... 66

Das Geheimnis der Burg

Hinweise für die Lehrkraft 68
Hörspieltext 69
Aufgaben leicht 72
Aufgaben schwer.................... 74
Lösungen.......................... 76

Die Mutprobe

Hinweise für die Lehrkraft 78
Hörspieltext 79
Aufgaben leicht 82
Aufgaben schwer.................... 84
Lösungen.......................... 86

Der Band enthält **digitales Zusatzmaterial** zum **Download**. Die Benutzerhinweise zum Download des Zusatzmaterials und den entsprechenden **Zusatzcode** finden Sie am Ende des Buches.

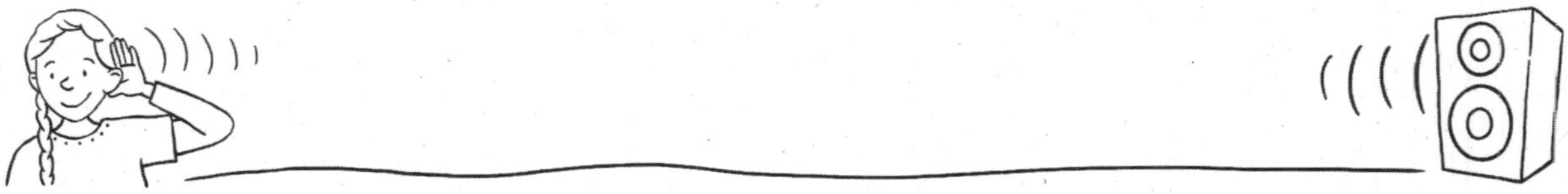

Hör hin und löse den Fall!

von Andrea Schnepp

mit Illustrationen von Katharina Reichert-Scarborough

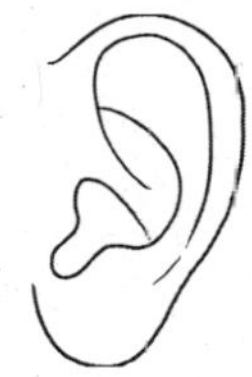

Verstehendes Zuhören ist eine zentrale Kompetenz im Deutschunterricht der Grundschule. Aber auch für den Lernerfolg in anderen Fächern sowie in weiterführenden Schulen ist das Zuhören von essenzieller Bedeutung. Oft wird es nicht extra trainiert, denn – „Zuhören kann doch jeder!“
Dass dies nicht so ist, erfahren Lehrer*innen jeden Tag in der Schule.

Hier setzt unser Material für die 3. und 4. Klasse an. Es umfasst spannende Kriminalgeschichten, mit denen die Schüler*innen auf motivierende und spielerische Weise das Hörverstehen trainieren. Denn nur wer genau hinhört, kann die Aufgaben lösen! Die Hörkrimis liegen sowohl vertont als Audiodateien, aber auch als Lesetexte vor. Auf der letzten Seite des Lesetextes befindet sich jeweils ein QR-Code, über den die Audiodatei heruntergeladen werden kann.
Zu den Hörspieltexten gibt es passende Aufgaben in zwei verschiedenen Differenzierungsstufen inklusive der entsprechenden Lösungen. So können Sie als Lehrkraft je nach Leistungsniveau Ihrer Schüler*innen zwischen den Aufgaben wählen. Das weiße Lupen-Symbol steht für die einfacheren Aufgaben, das schwarze für die anspruchsvolleren.

Sie haben die Wahl: Entweder Sie lesen den Text selbst „frontal“ vor oder Sie nutzen die enthaltenen Audiotracks. Bei Letzterem muss entschieden werden, ob alle Kinder zur gleichen Zeit den Text laut vorgespielt bekommen oder ob jedes Kind individuell daran arbeitet. Das wäre möglich, falls die Schule über einen Klassensatz Tablets verfügt und jedes Kind eigene Kopfhörer besitzt. So kann jedes Kind bestimmte Passagen bei Bedarf mehrmals hören.

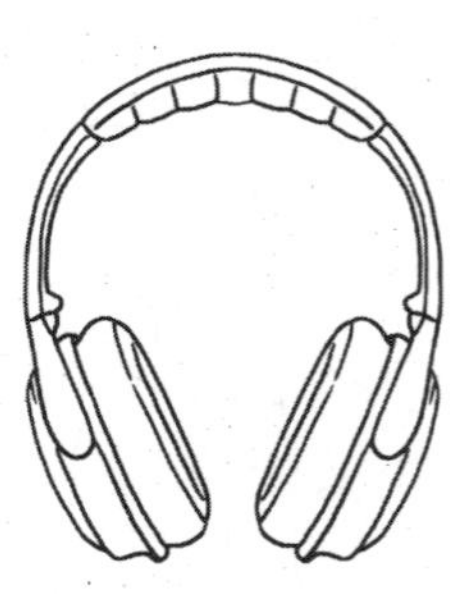

Die Geschichten

Jede Geschichte ist in sich abgeschlossen und kann daher einzeln für sich gehört werden. Dennoch sind die Texte durch die Figuren miteinander verbunden und können auch zusammen im Rahmen einer Einheit bearbeitet werden.
Die Zwillinge **Lisa und Leon**, die neugierig jedes Rätsel lösen wollen, tauchen zusammen in (fast) allen Geschichten auf. Die Figuren können, müssen aber nicht vor dem Hören der Geschichten vorgestellt werden.

Querverbindung zu anderen Fächern

Die Geschichten können für sich allein im Deutschunterricht behandelt werden. Wer jedoch gerne fächerübergreifend arbeitet, kann einzelne Geschichten auch bei der Behandlung bestimmter Themen im Sachunterricht anschließend im Deutschunterricht hören, zum Beispiel:

- Thema „Feuerwehr" – Geschichte „Der Feuerteufel" und „Gift-Alarm?!"
- Thema „Ritter und Burgen" – Geschichte „Das Geheimnis der Burg"
- Thema „Wald" – Geschichte „Der Schuhdieb"

Kreative Variationen

In erster Linie geht es bei diesem Material um das aktive Zuhören. Allerdings besteht auch die Möglichkeit, Zuhören und Schreiben miteinander zu verknüpfen. Dazu kann man an Stellen, an denen die Kinder Vermutungen äußern sollen, zunächst einmal einen Schnitt machen. Die Kinder dürfen nun ihre Vermutungen aufschreiben und die Geschichte selbstständig zu einem Ende bringen. Vielleicht haben sie so etwas schon geübt, denn „Geschichten weiterschreiben" ist in der Grundschule ein fester Bestandteil des kreativen Schreibens. Im Anschluss kann das selbst entworfene Ende mit dem Ende der Geschichte verglichen werden.

Wir wünschen Ihnen viel Freude und Erfolg beim Einsatz des Materials!

Exemplarischer Stundenverlauf

Die Schüler*innen üben in der Stunde das verstehende Zuhören. Sie sollen wichtige Informationen aus dem Hörbeispiel entnehmen. Durch das Bearbeiten der Fragen am Ende kann die Lehrkraft erkennen, ob der Sinn der Geschichte verstanden wurde. Der Unterrichtsverlauf darf und soll ganz individuell gestaltet werden, je nach Leistungsstärke der Klasse und Ausstattung des Klassenraums. Daher versteht sich der Stundenverlauf als Vorschlag.

Phase	Inhalt	Material	Sozialform
Einstieg	Die Lehrkraft schreibt den Titel der Geschichte an die Tafel. Die Kinder sollen zunächst in einer Murmelphase und danach laut Mutmaßungen zum Inhalt der Geschichte anstellen. Je nach Leistungsniveau der Klasse können die Figuren der Geschichte vor dem Hören kurz vorgestellt werden.	Tafel	Sitzkreis / Kinositz
Zielangabe	LK: „Du hast schon viele Vermutungen zur Geschichte geäußert. Du hörst jetzt die Geschichte. Spitz die Ohren und hör gut hin!“		Sitzkreis / Kinositz
Aktivierung	Die Kinder setzen sich an ihren Platz. Zusammen wiederholt die Klasse die Regeln für das verstehende Zuhören: 1. Ich bin leise. 2. Ich setze mich bequem auf meinen Stuhl. 3. Ich höre genau hin. Ritual „Ohren spitzen“: Die Kinder spitzen pantomimisch ihre Ohren als Zeichen, dass es nun losgeht.	(Je nachdem, wie oft das verstehende Zuhören schon trainiert wurde, können die Regeln an der Tafel visualisiert werden.)	UG
Erarbeitung I	Entweder wird die Geschichte allen Kindern gleichzeitig vorgespielt / vorgelesen **oder** jedes Kind hört sich die Geschichte selbst mit Kopfhörern über ein Tablet an. So können die Schüler*innen ganz individuell arbeiten. In ersterem Fall soll der Text an den gekennzeichneten Stellen kurz unterbrochen werden, damit die Kinder Vermutungen über den*die Täter*in bzw. den weiteren Verlauf der Geschichte äußern können. Nun werden die ABs in der Differenzierungsstufe ausgeteilt, die dem Leistungsniveau der Kinder entspricht, und soweit wie möglich nach dem ersten Hören bearbeitet.	Arbeitsblätter	EA

Phase	Inhalt	Material	Sozialform
Erarbeitung II	Die Kinder hören die Geschichte ein zweites Mal und achten nun gezielt auf die Informationen, die ihnen noch zur vollständigen Beantwortung der Fragen fehlen. Bei Bedarf kann die Geschichte auch noch ein drittes Mal angehört werden.	Arbeitsblätter	EA
Sicherung	Die Aufgaben werden gemeinsam im Plenum besprochen.	Arbeitsblätter	UG
Vertiefung	Weiterführende Unterrichtsideen wären beispielsweise: • Szenisches Spiel: Hierbei wird der Inhalt der Geschichte vertieft und die sprachlichen Kompetenzen der Schüler*innen gefördert, indem die Geschichte als Ganzes oder in Teilen von den Schüler*innen nachgespielt wird. • Diskussion: Manche Geschichten bieten Gesprächsanlässe, sodass die Schüler*innen zu einer oder mehreren Fragen, die sich aus der Geschichte ergeben, zu zweit oder im Plenum diskutieren können.		PA / GA / UG
Reflexion	Am Ende der Stunde findet eine Reflexion statt: • „Mir hat beim Hören der Geschichte gut gefallen …“ • „Für mich war beim Hören der Geschichte schwierig …“ • „Für das nächste Mal nehme ich mir beim Hören vor …“ Anstelle der Reflexion mit den Satzanfängen können auch Symbole verwendet werden. Alternativ kann auch eine schnelle Reflexion durch die „Daumenprobe“ durchgeführt werden: Daumen hoch = gut geklappt, usw.	evtl. Satzanfänge für die Reflexion an der Tafel	UG

Hinweise für die Lehrkraft

Inhalt der Geschichte

In Lisas und Leons Fußballclub passieren in der letzten Zeit richtig blöde Sachen. Jemand hat mit einem Filzstift auf alle Bälle Herzen gemalt. Doch nicht nur das – auf dem Platz liegen Scherben und jede Menge Müll herum und es dauert ewig, das alles wieder einzusammeln. Ob das die verfeindete gegnerische Mannschaft war? Oder Lisa, wie Paul frech behauptet? Am Ende stellt sich heraus, dass es Tim war. Aus Frust, dass er so oft auf der Ersatzbank sitzen muss, hat er das Ganze gemacht und wollte es auch noch Lisa und den anderen Mädchen in die Schuhe schieben. Er sieht ein, dass er zu weit gegangen ist, entschuldigt sich und will alles wiedergutmachen.

Schwierige Wörter

Die Bedeutung folgender Wörter oder Redewendungen sollte zu Beginn der Stunde geklärt werden:
Position (Fußball): z. B. Torhüter, Stürmer, Verteidiger
erbost: wütend
Unterstellung: Anschuldigung
Diskussion: Gespräch
den Gedanken nachhängen: grübeln
entgeistert: verblüfft, überrascht
beschämt: verlegen, kleinlaut

Tipps für den Stundenverlauf

Unterbrechen Sie den Hörspieltext bei dem ersten Fußballsymbol. Lassen Sie die Kinder Vermutungen anstellen, was die Figuren auf dem Fußballfeld vorfinden.

Pausieren Sie den Hörspieltext bei dem zweiten Fußballsymbol erneut.
Die Schüler*innen sollen Überlegungen anstellen, wer es gewesen sein könnte.

Weiterführende Unterrichtsideen

Gesprächsanlässe:
Die Kinder diskutieren mit einem Partnerkind über folgende Aussagen:

- „Jungen spielen besser Fußball als Mädchen."
- „Alle Mädchen mögen Rosa."

Ideen sammeln:
Die Kinder sammeln allein oder mit einem Partnerkind Ideen, was Tim als Wiedergutmachung leisten könnte. Diese Aufgabe kann mündlich oder schriftlich erfolgen.

Eine Szene nachspielen:
Die Kinder spielen in Kleingruppen eine Szene aus dem Text nach. Folgende Rollen sind zu vergeben: Lisa, Leon, Paul und Tim
Dafür hören sich die Kinder die Szene zur Vorbereitung noch ein- bis zweimal an. Dabei achten sie besonders auf die richtigen Betonungen.

Es empfiehlt sich die Stelle von *„Haben wir nicht seit einem Monat eine Überwachungskamera hier auf dem Platz?"* (Leon) bis *„Ganz bestimmt", seufzt er erleichtert.* (Tim)

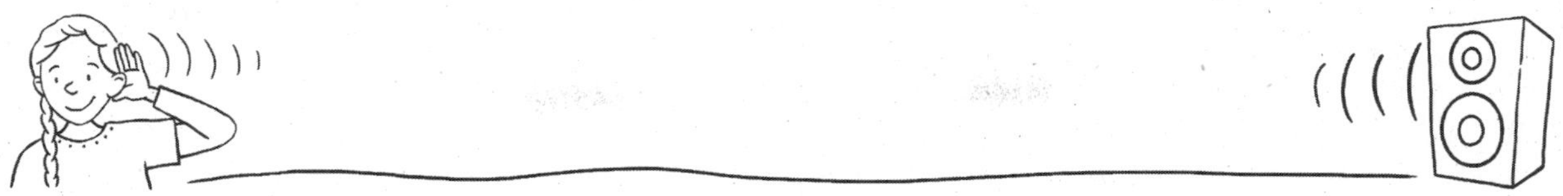

Ärger auf dem Fußballplatz

Lisa und Leon jubeln. Die Zwillinge freuen sich, weil Paul gerade ein Tor geschossen hat. Jetzt steht es 3:3 – unentschieden. Paul hat den Ausgleich geschafft, obwohl die gegnerische Mannschaft heute total aggressiv spielt. Einmal wird Lisa so fest getreten, dass sie erst mal nicht mehr weiterspielen kann. Zum Glück wird Tim kurz darauf für sie eingewechselt. Tim spielt auf der gleichen Position wie Lisa. Nach zehn Minuten geht es Lisa schon besser und sie tauschen wieder.

Lisa und ihrer Freundin Nina macht das Fußballspielen inzwischen richtig viel Spaß. Aber als der Trainer vor zwei Monaten angekündigt hat, dass nun zwei Mädchen in die Mannschaft kommen, wurde anfangs ganz schön viel gelästert. Vor allem Paul, der Star der Mannschaft, hat gleich gemeckert. Aber auch Tim, der heute kurz für Lisa eingewechselt wurde, wollte Lisa und Nina nicht in der Mannschaft haben. Von wegen Mädchen und so. Doch seit Lisa ihr erstes Tor und daraufhin viele weitere geschossen hat, meckert niemand mehr. Auch heute gelingt ihr der entscheidende Schuss zum Sieg. „Gut gemacht, große Schwester“, grinst Leon.

Am nächsten Tag sind alle immer noch gut gelaunt wegen des Siegs am Vortag. Gemeinsam gehen die Kinder zum Training. Leider verfliegt die gute Stimmung sofort, als sie die neuen Lederbälle aus dem Geräteschuppen holen wollen.
„Oh nein!“
„Was ist denn das?“
„Mist, was ist denn hier passiert?“, rufen alle.
Die Bälle liegen wild durcheinander auf dem Boden und auf jedem ist mit schwarzem oder rotem Filzstift ein großes Herz gemalt. Auf manchen Bällen sogar zwei oder drei.
„Fußbälle mit Herz“, lacht Lisa.
„Das ist nicht witzig!“, ruft Paul erbost. „Warst du das etwa?“
„Nein, natürlich nicht!“ Lisa wird rot und ärgert sich über Pauls Unterstellung.
„Vielleicht bist du ja verliebt und hast die Herzen aufgemalt“, gibt sie zurück.
„Schluss jetzt mit der Diskussion, ihr seid zum Fußballspielen hier“, sagt der Trainer.
Voller Vorfreude laufen die Kinder auf den Platz. Doch dort erwartet sie noch viel Schlimmeres als Fußbälle mit Herzen darauf!

„Verdammt!“
„Überall Scherben und Müll!“
„Das darf doch nicht wahr sein!“, rufen die Kinder wieder durcheinander.
Anstatt zu trainieren, sammeln sie über eine Stunde lang jede Menge Papiermüll, leere Dosen, Chipstüten und kaputte Glasflaschen ein. Neben einer alten Zeitung liegt ein rosa Haargummi. Tim hebt es auf.
„Hey, Lisa, ist das nicht deins?“, will er wissen.
„Äh, ja. Das habe ich schon gesucht.“
Sie macht sich beim Spiel immer einen Pferdeschwanz. Aber noch bevor Lisa ihr Haargummi von Tim nehmen kann, hat Paul es schon geschnappt.
„Herzen auf den Bällen und dein Haargummi auf dem vermüllten Platz. Bist du sicher, dass du nichts mit alldem zu tun hast?“, fragt er böse.
„Warum sollte ich so etwas tun? Das ist doch Unsinn!“
„Was weiß ich, vielleicht ist dir das Training ja zu anstrengend.“
„Ach, und deshalb sammle ich lieber Müll ein?“, faucht Lisa. „Vielleicht bist du ja derjenige, der sich ärgert, Paul. Schließlich spielst du immer noch bei uns in der E-Jugend. Dabei wärst du doch eigentlich schon viel lieber bei den Älteren dabei!“
Tim mischt sich ein: „Jedenfalls gab es so etwas vorher noch nie.“
„Was meinst du mit vorher?“, will Lisa wissen.
„Na ja, bevor wir Mädchen in der Mannschaft hatten“, gibt Tim zurück.
„Jetzt mal ganz ruhig, Leute“, räumt Leon ein. „Könnte es nicht sein, dass das die gegnerische Mannschaft von gestern war? Vielleicht wollten sie uns aus Rache eins auswischen?“
Alle sind einen Augenblick still und hängen ihren Gedanken nach.
„Oder es waren die Leute, die gleich nebenan wohnen“, überlegt Lisa. „Haben die sich nicht schon öfter über den Lärm beim Training beschwert?“
„Du willst doch nur von dir selbst ablenken!“, ruft Tim. „Immerhin lag dein Haargummi hier.“
„Wartet mal“, meint Leon plötzlich. „Haben wir nicht seit einem Monat eine Überwachungskamera hier auf dem Platz?“
„Kamera?“, wiederholt Paul. „Ich weiß nichts von einer Kamera.“
„Ich auch nicht!“, sagt Tim.

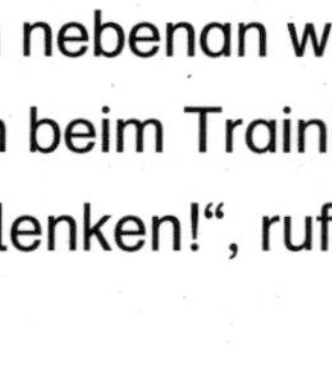

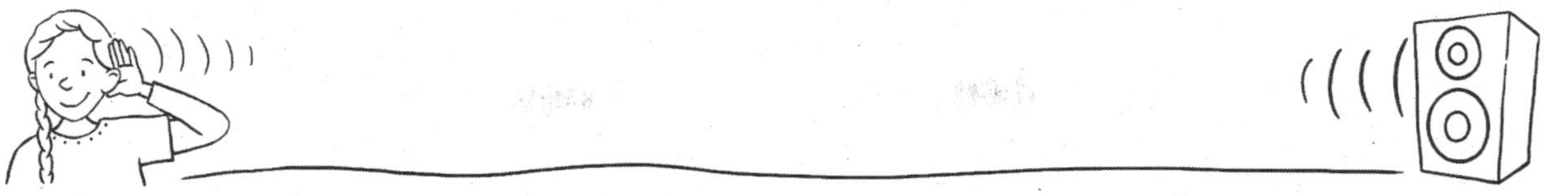

„D… darf man das überhaupt?“, stottert Tim und wird ganz rot. „Einfach eine Kamera aufhängen?“

„Keine Ahnung“, sagt Leon, „aber wir werden zum Glück auf dem Film gleich sehen, wer das gemacht hat!“

Plötzlich schreit Tim: „Das ist alles so ungerecht! Seit diese Mädchen da mitspielen, werde ich kaum noch eingewechselt. Dabei spiele ich viel besser als die!“

„Du warst das?“, fragt Paul entgeistert. „Nur, weil du manchmal auf der Bank sitzen musst? Du weißt aber schon, dass Lisa besser spielt als die meisten aus unserer Mannschaft!“

Tim senkt beschämt den Kopf. „Irgendwie hatte ich gehofft, dass man dir das anhängt, Lisa. Dein rosa Haargummi habe ich extra dorthin gelegt. Mir tut das alles leid, es war kindisch. Aber gestern nach dem Spiel war ich so wütend, dass ich nur ein paar Minuten spielen durfte und das auch nur, weil du verletzt warst. Ich war wohl einfach eifersüchtig auf dich … Wahrscheinlich wollt ihr jetzt alle nichts mehr mit mir zu tun haben.“

Er dreht sich um und geht mit hängenden Schultern davon.

„Warte, Tim!“, ruft ihm Lisa hinterher. „Immerhin hast du den Mut gehabt, dich bei mir zu entschuldigen. Vielleicht fällt dir ja auch noch eine Wiedergutmachung ein.“

Sie hält ihm die Hand hin und Tim schlägt ein. „Ganz bestimmt“, seufzt er erleichtert.

Auf dem Nachhauseweg sagt Lisa zu ihrem Bruder: „Für mich ist die Sache damit erledigt. Aber sag mal, woher wusstest du denn das mit der Kamera?“

Leon grinst. „Es gibt keine“, antwortet er. „Das habe ich nur so gesagt. Es hat ja auch funktioniert!“

„Du bist wirklich ein schlauer Bruder!“, meint Lisa. Lachend laufen sie nach Hause.

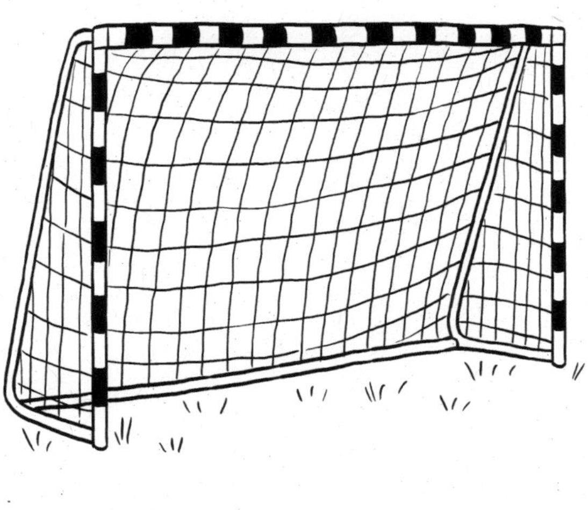

Text als Audio →

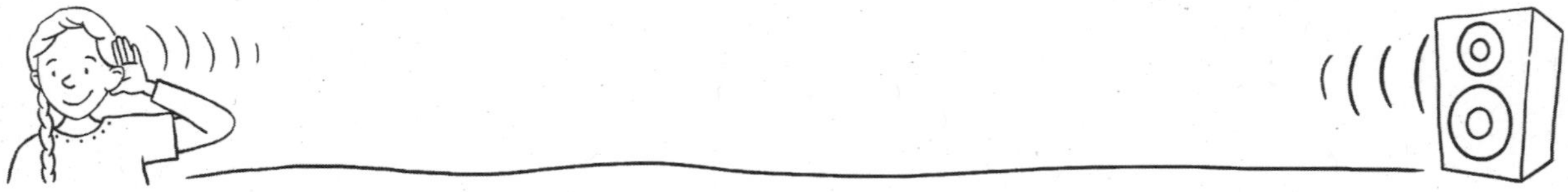

Aufgaben (1)

1. Wie heißen die Hauptpersonen in der Geschichte? Kreuze an.
   - ☐ Lisa, Leon, Paul und Tim (pr)
   - ☐ Lisa, Nina, Paul und Tim (ti)
   - ☐ Lisa, Leon, Paul und Sam (he)

2. Was weißt du über Lisa und Leon? Kreuze an.
   - ☐ Sie sind Freunde. (a)
   - ☐ Sie sind Zwillinge. (i)
   - ☐ Sie können sich nicht leiden. (o)

3. Was weißt du über Lisa und Tim? Kreuze an.
   - ☐ Sie sind Geschwister. (nt)
   - ☐ Sie sind genau gleich alt. (st)
   - ☐ Sie spielen auf der gleichen Position. (ma)

4. Die Buchstaben hinter den richtigen Antworten von Aufgabe 1 bis 3 ergeben ein Lösungswort:

5. Was wurde auf die Fußbälle gemalt? Male an.

6. Was finden die Kinder auf dem Fußballplatz? Kreise ein.

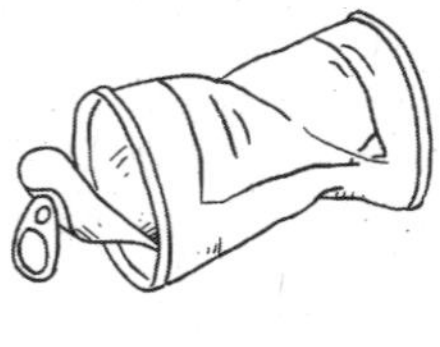

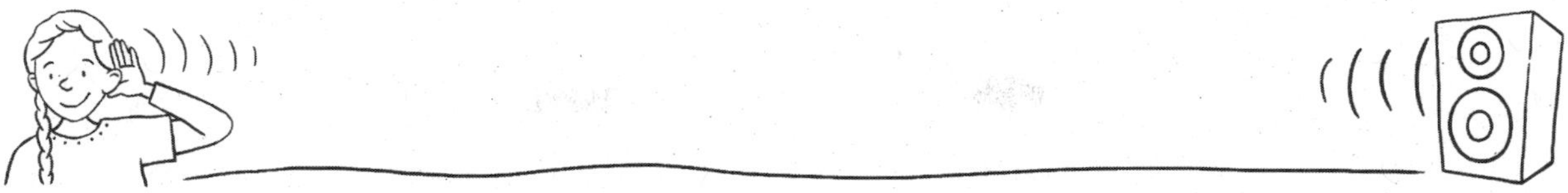

Aufgaben (2)

7. Wer sagt was? Verbinde.

„Gut gemacht, große Schwester“, grinst …
„Fußbälle mit Herz“, lacht …
„Das ist nicht witzig!“, ruft … erbost.
„Schluss jetzt mit der Diskussion, ihr seid zum Fußballspielen hier“, sagt …
„Hey, Lisa, ist das nicht deins?“, will … wissen.
„Herzen auf den Bällen und dein Haargummi auf dem vermüllten Platz. Bist du sicher, dass du nichts mit alldem zu tun hast?“, fragt … böse.
„Du bist wirklich ein schlauer Bruder!“, meint …

Lisa

Paul

Leon

Tim

der Trainer

8. Worum geht es in der Geschichte? Fülle den Lückentext aus.

_______________ hat den Fußballplatz zugemüllt. Er war frustriert, weil er bei dem Spiel am Tag zuvor nur ganz kurz _______________ durfte. Er wurde auch nur deshalb eingewechselt, weil Lisa _______________ war. Aus dem Grund war er _______________ auf Lisa und wollte ihr das Ganze anhängen.

9. Warum gibt Tim plötzlich zu, dass er es war? Schreibe auf.

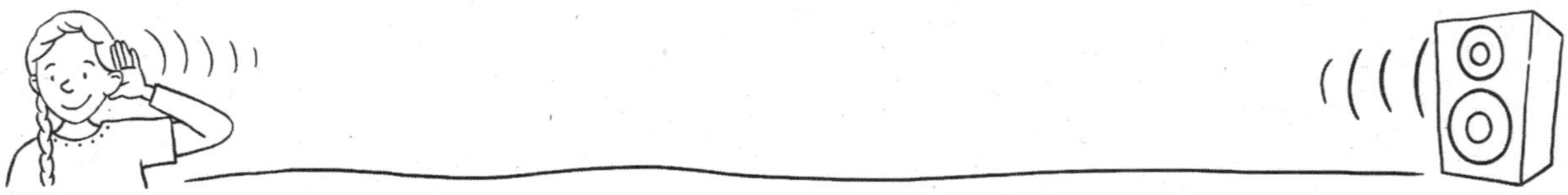

Aufgaben (1)

1. Wie heißen die Hauptpersonen in der Geschichte? Schreibe auf.

L	L	T	P

2. Was ist besonders zwischen Lisa und Leon? Schreibe auf.

3. Was haben Lisa und Tim gemeinsam? Schreibe auf.

4. Was ist auf den verschmierten Bällen zu sehen? Male es auf den Ball.

5. Der Fußballplatz wurde verwüstet. Zeichne die fehlenden Gegenstände ein.

Aufgaben (2)

6. Wer sagt das? Trage die richtigen Namen ein.

- „Gut gemacht, große Schwester“, grinst __________________.
- „Fußbälle mit Herz“, lacht __________________.
- „Das ist nicht witzig!“, ruft __________________ erbost.
- „Schluss jetzt mit der Diskussion, ihr seid zum Fußballspielen hier“, sagt

  __________________________.
- „Hey, Lisa, ist das nicht deins?“, will __________________ wissen.
- „Herzen auf den Bällen und dein Haargummi auf dem vermüllten Platz.

  Bist du sicher, dass du nichts mit alldem zu tun hast?“, fragt

  __________________ böse.
- „Du bist wirklich ein schlauer Bruder!“, meint __________________.

7. Warum hat Tim den Fußballplatz verwüstet? Schreibe auf.

____

____

8. Warum erfindet Leon die Geschichte mit der Kamera? Schreibe auf.

____

____

9. Welche Überschrift würde noch zu der Geschichte passen? Kreuze an.

☐ Das erfolgreiche Turnier

☐ Herzen für Lisa

☐ Der eifersüchtige Randalierer

Lösungen Aufgaben (1)

1. Wie heißen die Hauptpersonen in der Geschichte? Kreuze an.
   - ☒ Lisa, Leon, Paul und Tim (pr)
   - ☐ Lisa, Nina, Paul und Tim (ti)
   - ☐ Lisa, Leon, Paul und Sam (he)

2. Was weißt du über Lisa und Leon? Kreuze an.
   - ☐ Sie sind Freunde. (a)
   - ☒ Sie sind Zwillinge. (i)
   - ☐ Sie können sich nicht leiden. (o)

3. Was weißt du über Lisa und Tim? Kreuze an.
   - ☐ Sie sind Geschwister. (nt)
   - ☐ Sie sind genau gleich alt. (st)
   - ☒ Sie spielen auf der gleichen Position. (ma)

4. Die Buchstaben hinter den richtigen Antworten von Aufgabe 1 bis 3 ergeben ein Lösungswort: *prima*

5. Was wurde auf die Fußbälle gemalt? Male an.

6. Was finden die Kinder auf dem Fußballplatz? Kreise ein.

Lösungen Aufgaben (2)

7. Wer sagt was? Verbinde.

„Gut gemacht, große Schwester", grinst …
„Fußbälle mit Herz", lacht …
„Das ist nicht witzig!", ruft … erbost.
„Schluss jetzt mit der Diskussion, ihr seid zum Fußballspielen hier", sagt …
„Hey, Lisa, ist das nicht deins?", will … wissen.
„Herzen auf den Bällen und dein Haargummi auf dem vermüllten Platz. Bist du sicher, dass du nichts mit alldem zu tun hast?", fragt … böse.
„Du bist wirklich ein schlauer Bruder!", meint …

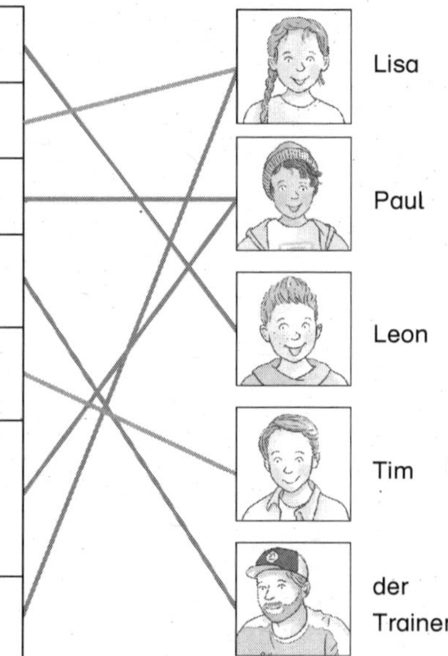

8. Worum geht es in der Geschichte? Fülle den Lückentext aus.

Tim hat den Fußballplatz zugemüllt. Er war frustriert, weil er bei dem Spiel am Tag zuvor nur ganz kurz *spielen* durfte. Er wurde auch nur deshalb eingewechselt, weil Lisa *verletzt* war. Aus dem Grund war er *eifersüchtig* auf Lisa und wollte ihr das Ganze anhängen.

9. Warum gibt Tim plötzlich zu, dass er es war? Schreibe auf.

Leon hat behauptet, dass es auf dem Platz eine Überwachungskamera geben würde. Da bekommt Tim Angst und gibt es schließlich selbst zu.

Lösungen Aufgaben (1)

1. Wie heißen die Hauptpersonen in der Geschichte? Schreibe auf.

Lisa	*Leon*	*Tim*	*Paul*

2. Was ist besonders zwischen Lisa und Leon? Schreibe auf.

   Sie sind Zwillinge.

3. Was haben Lisa und Tim gemeinsam? Schreibe auf.

   Sie spielen auf der gleichen Position.

4. Was ist auf den verschmierten Bällen zu sehen? Male es auf den Ball.

   Herzen

5. Der Fußballplatz wurde verwüstet. Zeichne die fehlenden Gegenstände ein.

   - *Chipstüten*
   - *Dosen*
   - *Papiermüll*
   - *Scherben*
   - *alte Zeitung*
   - *rosa Haargummi*

Lösungen Aufgaben (2)

6. Wer sagt das? Trage die richtigen Namen ein.
   - „Gut gemacht, große Schwester", grinst *Leon*.
   - „Fußbälle mit Herz", lacht *Lisa*.
   - „Das ist nicht witzig!", ruft *Paul* erbost.
   - „Schluss jetzt mit der Diskussion, ihr seid zum Fußballspielen hier", sagt *der Trainer*.
   - „Hey, Lisa, ist das nicht deins?", will *Tim* wissen.
   - „Herzen auf den Bällen und dein Haargummi auf dem vermüllten Platz. Bist du sicher, dass du nichts mit alldem zu tun hast?", fragt *Paul* böse.
   - „Du bist wirklich ein schlauer Bruder!", meint *Lisa*.

7. Warum hat Tim den Fußballplatz verwüstet? Schreibe auf.

   Tim war eifersüchtig auf Lisa und wollte, dass ihr das Ganze angehängt wird.

8. Warum erfindet Leon die Geschichte mit der Kamera? Schreibe auf.

   Er vermutet bereits, dass es eine Person aus der Mannschaft war. Er möchte die Person dazu bringen, dass sie gesteht.

9. Welche Überschrift würde noch zu der Geschichte passen? Kreuze an.
   - ☐ Das erfolgreiche Turnier
   - ☐ Herzen für Lisa
   - ☒ Der eifersüchtige Randalierer

Lernbiene®

Hinweise für die Lehrkraft

Inhalt der Geschichte

Wieder ist etwas im Fußballclub passiert: Diesmal ist in einem Mülleimer vor dem Vereinsheim ein Feuer ausgebrochen. Die Kinder vermuten sofort, dass der Brandstifter dahintersteckt, von dem man schon öfter in der Zeitung las und der vor Kurzem verhaftet wurde. Oder war es wieder Tim, der schon einmal für Ärger im Club gesorgt hat? Nach einiger Zeit finden Lisa und Leon heraus, dass es Paul war, der Star der Mannschaft. Er bekam eine schlechte Mathe-Arbeit und wollte sie „nur" im Mülleimer verbrennen. Dass sich das Feuer so schnell ausbreiten würde und deshalb sogar die Feuerwehr kommen muss, hatte er nicht bedacht.

Schwierige Wörter

Die Bedeutung folgender Wörter oder Redewendungen sollte zu Beginn der Stunde geklärt werden:
foulen: z. B. anrempeln, stoßen
verkokelt: verbrannt
Etwas brennt lichterloh: Etwas brennt sehr stark und es gibt ein großes Feuer.
Position (Fußball): z. B. Torhüter, Stürmer, Verteidiger
Mofa-Gang: Gruppe aus Personen, die Mofa fahren
ausgiebig: gründlich
sich die Haare raufen: verzweifelt sein
bei Bedarf: falls nötig

Tipps für den Stundenverlauf

Unterbrechen Sie den Hörspieltext bei dem Symbol der ersten Streichholzschachtel. Lassen Sie die Kinder die bisherigen Verdächtigten nennen und eigene Vermutungen anstellen, wer es gewesen sein könnte.

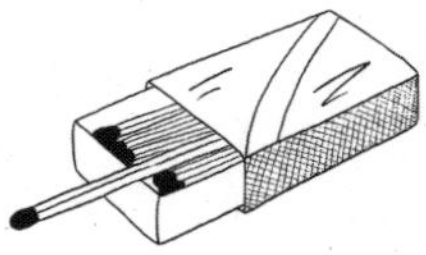

Pausieren Sie den Hörspieltext bei der zweiten Streichholzschachtel erneut. Die Schüler*innen sollen nun mithilfe der neu dazugewonnenen Informationen nochmals Vermutungen zum Täter anstellen.

Weiterführende Unterrichtsideen

Gesprächsanlässe:

Die Kinder diskutieren mit einem Partnerkind oder im Plenum über folgende Aussagen:

- „Wenn man schlechte Noten hat, sollte man all seine Hobbys aufgeben und mehr lernen."
- „Alle Kinder brauchen einen Ausgleich, also etwas, das ihnen richtig viel Spaß macht. Ganz egal, wie gut oder schlecht die Noten des Kindes sind."

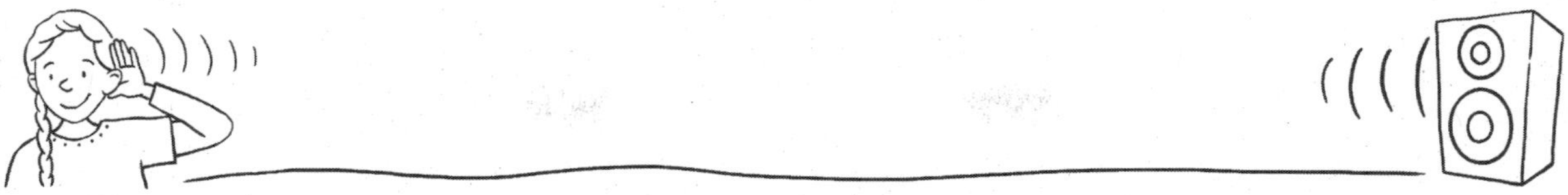

Der Feuerteufel

Lisa und Leon sind auf dem Weg zum Fußballtraining. Die Zwillinge sind gut gelaunt, weil sie gestern schon zum zweiten Mal gegen die Mannschaft aus dem Nachbarort gewonnen haben. Obwohl deren Spieler wie beim letzten Mal dauernd gefoult haben. Vor allem, wenn der Schiedsrichter gerade nicht hinsah.

Als sie am Fußballgelände ankommen, stehen die halbe Mannschaft und der Trainer vor dem Vereinshaus. Lisa ist erleichtert, dass auch Paul da ist, der beste Spieler ihrer Mannschaft. Paul hat nämlich heute Morgen eine schlechte Note in Mathe bekommen. Lisa hatte schon Angst, dass er deswegen nicht mehr Fußball spielen darf. Doch plötzlich rümpft sie die Nase. „Was riecht denn hier so komisch?“, fragt sie und verzieht das Gesicht. „Als ob es gebrannt hätte.“
Paul und die anderen stehen im Halbkreis um den Mülleimer vor dem Vereinshaus. Besser gesagt um den ehemaligen Mülleimer. Von dem ist nämlich nicht mehr viel zu erkennen. Alles ist verkokelt und stinkt fürchterlich.

„Was ist denn hier passiert?“, fragt Leon.
„Der Mülleimer hat lichterloh gebrannt“, antwortet Tim, einer der Spieler. „Zum Glück konnte Paul rechtzeitig die Feuerwehr rufen. Sonst wäre das Feuer wahrscheinlich auf unser Vereinsheim übergegangen.“
„Vielleicht war das dieser Brandstifter, von dem man in den letzten Wochen so häufig in der Zeitung gelesen hat. Der hat doch ständig irgendwelche Waldhütten abgebrannt …“, vermutet Lisa.
„Dieser Brandstifter wurde gestern verhaftet“, sagt Paul. „Aber vielleicht hat er vorher noch den Mülleimer angezündet.“
Leon meint: „Der hätte das bestimmt gründlicher gemacht. Da würde unser Vereinshäuschen jetzt nicht mehr stehen. Sag mal, Tim“, er dreht sich zu dem blonden, schmächtigen Jungen um. Tim spielt auf der gleichen Position wie Leons Schwester Lisa und sitzt deshalb öfter mal auf der Ersatzbank. „Kann es sein, dass du wieder mal einen bösen Scherz auf Kosten der Mädchen gemacht hast?“
Tim hat nämlich einmal jede Menge Müll auf den Fußballplatz gekippt und Lisa beschuldigt, dass sie es gewesen sei.
„Mann, Leon!“, antwortet Tim aufgebracht. „Das ist unfair. Nur weil ich einmal eine Dummheit gemacht habe. Ich war das nicht, ehrlich!“
Aber Leon ist nicht überzeugt von Tims Unschuld.
„Das könnte doch auch die Mofa-Gang von Kevin gewesen sein“, bringt Tim ein.
„Die treffen sich fast jeden Abend nach dem Training hier und rauchen.“

Paul meint: „Genau, vielleicht haben die eine Zigarette in den Mülleimer geworfen, die noch nicht ganz aus war. Das könnte das Feuer entfacht haben.“

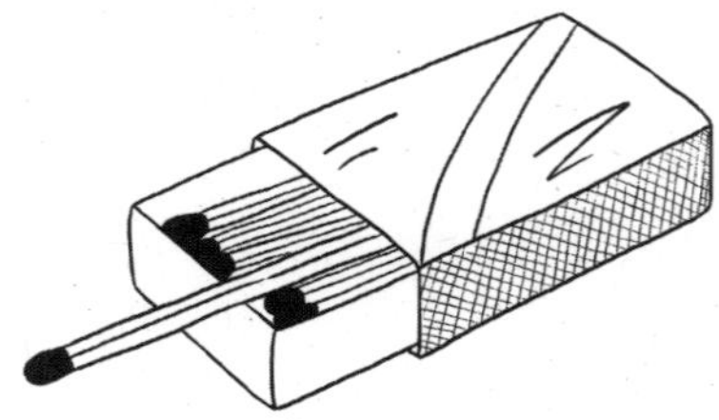

Der Trainer ruft nun alle auf den Platz. Bei den anstrengenden Übungen vergessen die Kinder für eine Weile den Brand.
Nach dem Training untersucht Lisa noch einmal ausgiebig die Brandstelle.
Da entdeckt sie plötzlich ein Fitzelchen Papier in der Asche! Die Zahl 5 und ein Minuszeichen kann Lisa darauf erkennen. Seltsam. Auch ein paar Buchstaben kann man noch lesen: *Untersch.*
„Was hat das zu bedeuten? *5 minus und Untersch?*“, grübelt Lisa.
„Lisa, komm jetzt endlich! Wir müssen nach Hause zum Abendessen“, ruft Leon ungeduldig. Rasch steckt sie den Papierfetzen ein und folgt ihrem Bruder.
Wie so oft schleicht sie auch heute nach dem Abendessen in Leons Zimmer.
„Na, große Schwester?“, grinst ihr Bruder. „Weißt du schon, wer's war? Der kleine Tim, der sich wieder an dir rächen will? Die Zigaretten von Kevins rauchender Gang? Oder vielleicht doch der berühmte Brandstifter vor seiner Verhaftung?“
Lisa antwortet lächelnd: „Ich habe jedenfalls eine Vermutung.“
So berichtet sie Leon von ihrem Verdacht.

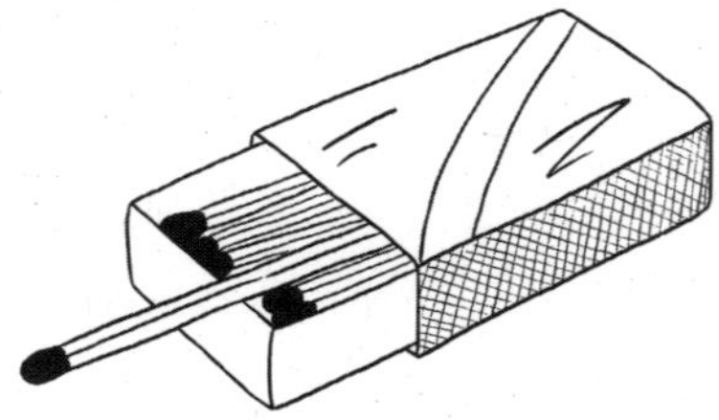

„Wow, so könnte es wirklich gewesen sein!“, ruft Leon aufgeregt.
Am nächsten Tag laufen die beiden mit Paul von der Schule nach Hause.
„Du, Paul“, fängt Lisa an. „Könnte es sein, dass du deine Mathe-Arbeit gestern verbrannt hast? Im Mülleimer am Fußballplatz?“
Paul schluckt und bleibt stehen. „Wie… kommst du darauf?“, fragt er nervös.
„Na ja, erstens hast du die Arbeit heute nicht zurückgegeben und zweitens …“
Lisa zeigt ihm das Papierchen. „Du hast gestern eine 5 bekommen und die Buchstaben *Untersch* gehören zu den Wörtern *Unterschrift der Eltern.*“

Paul atmet tief ein und rauft sich die Haare: „Was soll ich jetzt bloß tun? Meine Eltern lassen mich nie wieder Fußball spielen. Wo ich jetzt auch noch gezündelt habe. Das mit dem Brand ist außer Kontrolle geraten. Ich war einfach so frustriert und hatte Angst, dass meine Eltern mich erstmal nicht mehr Fußball spielen lassen. Also wollte ich die dumme Mathearbeit verbrennen. Ich habe nicht geahnt, dass sich die Flammen so schnell ausbreiten. Das wollte ich wirklich nicht!"

„Du musst mit deinen Eltern reden, Paul", sagt Lisa. „Und vorher am besten mit unserem Trainer. Der hilft dir bestimmt. Auf der Internetseite vom Verein steht übrigens, dass der Club für Schüler bei Bedarf auch Nachhilfe anbietet. Das wäre doch bestimmt etwas für dich! Erst lernen, dann trainieren."

„Wenn du willst, kommen wir bei beiden Gesprächen mit", schlägt Leon vor.

„Das würdet ihr tun?", fragt Paul. „Ihr seid wirklich echte Freunde."

Lisa drückt Pauls Hand. Für den Moment sind sich die drei sicher, dass alles noch mal gutgehen wird.

Text als Audio →

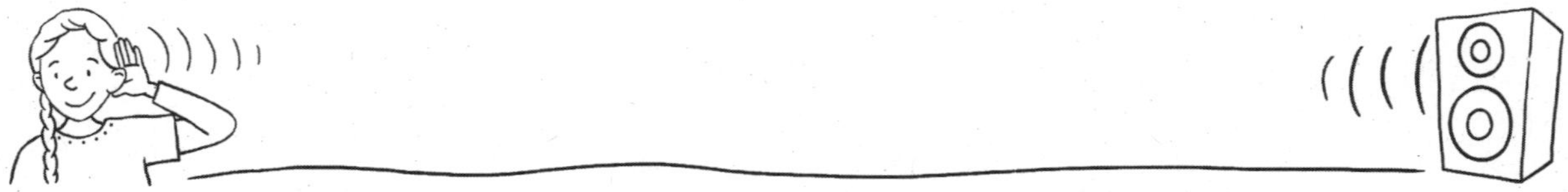

Aufgaben (1)

1. Wen verdächtigen die Kinder, als sie sich gemeinsam vor dem Training unterhalten? Kreise ein.

 Nina	 Tim	 Trainer	 Leon
 Lisa	 Brandstifter aus der Zeitung	 Paul	 Kevins Mofa-Gang

2. Was weißt du alles über Paul? Kreuze an.

- ☐ Paul ist der beste Spieler der Mannschaft. Er spielt nicht nur Fußball, sondern ist auch bei der Feuerwehr.
- ☐ Paul spielt sehr gerne Fußball. In Deutsch ist er nicht so gut, da hat er eine schlechte Note bekommen.
- ☐ Paul ist der beste Spieler der Mannschaft. In Mathematik ist er nicht so gut, da hat er eine schlechte Note bekommen.

3. Was erfährt man über den Brandstifter aus der Zeitung? Kreuze an.

- ☐ Er hat in den letzten Wochen viele Waldhütten angezündet und keiner weiß, wer es ist.
- ☐ Er hat in den letzten Wochen viele Waldhütten angezündet und wurde gestern verhaftet.
- ☐ Er hat in den letzten Wochen viele Mülleimer angezündet und wurde gestern verhaftet.

4. Was steht auf dem Zettel, den Lisa im Mülleimer findet? Kreise ein.

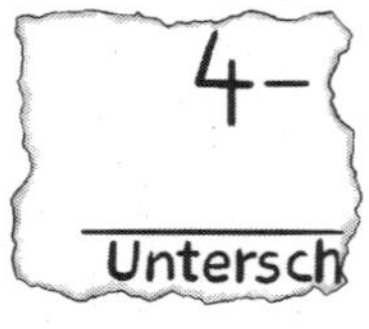

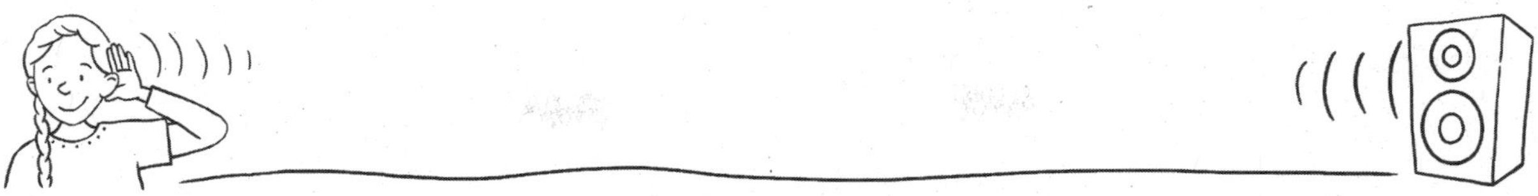

Aufgaben (2)

5. Was stimmt? Kreuze an.
   - ☐ Lisa und Leon sind auf dem Weg zum Handballtraining. (A)
   - ☐ Die Kinder sind gut gelaunt, weil sie am Vortag erneut gegen die Mannschaft aus dem Nachbarort gewonnen haben. (N)
   - ☐ Der Mülleimer vor dem Vereinsheim hat lichterloh gebrannt. (O)
   - ☐ Der Trainer findet neben dem Mülleimer ein rotes Feuerzeug. (S)
   - ☐ Leon verdächtigt Tim. (T)
   - ☐ Tim verdächtigt die Mofa-Gang von Kevin, die öfter nach dem Training Zigaretten raucht. (E)
   - ☐ Lisa hat Paul dabei beobachtet, wie er die Mathearbeit angezündet und in den Mülleimer geworfen hat. (T)

6. Die Buchstaben hinter den richtigen Sätzen von Aufgabe 5 ergeben ein Lösungswort: ______

7. Welche Rolle spielt das Lösungswort in der Geschichte? Schreibe auf.

____

____

____

8. Was antwortet Lisa Paul, als er die Tat gesteht? Ergänze die Lücken.

„Du musst mit deinen ________________ reden, Paul“, sagt Lisa.

„Und vorher am besten mit unserem ________________. Der hilft dir bestimmt.

Auf der Internetseite vom ________________ steht übrigens, dass der Club

für Schüler bei Bedarf auch ________________ anbietet.

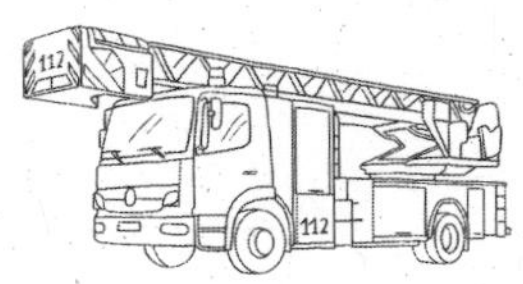

Das wäre doch bestimmt etwas für dich!

Erst ________________, dann trainieren.“

Aufgaben (1)

1. Zu Beginn werden die folgenden Personen verdächtigt.
   Warum? Wer äußert den Verdacht? Schreibe es in die Felder.

Verdächtigte	**Grund des Verdachts**	**Wer äußert den Verdacht?**
 Brandstifter aus der Zeitung		
 Tim		
 Kevins Mofa-Gang		

2. Warum ist Lisa am Anfang erleichtert, als sie Paul sieht? Schreibe auf.

   ____

   ____

3. In die Sätze aus der Geschichte haben sich Fehler eingeschlichen. Hör noch mal genau hin. Streiche die falschen Wörter durch und schreibe die richtigen darüber.

   Bei dem guten Wetter vergessen die Kinder für eine Weile den Brand.

   Nach dem Training untersucht Lisa noch einmal ausgiebig den Tatort.

   Wie so oft schleicht sie auch heute nach dem Mittagessen in Leons Zimmer.

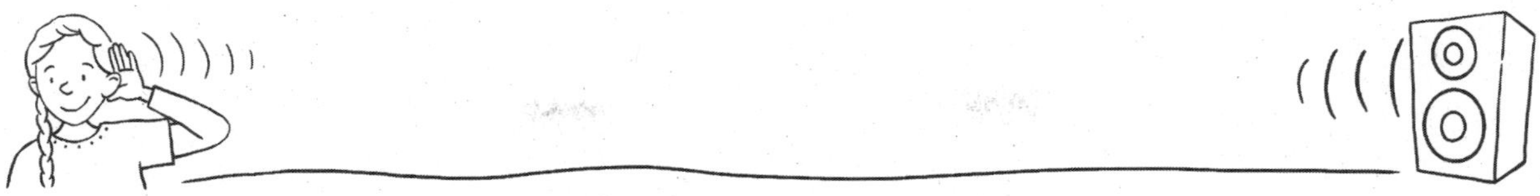

Aufgaben (2)

4. Was steht auf dem Zettel, den Lisa im Mülleimer findet? Schreibe es darauf.

5. Richtig oder falsch? Kreise den jeweiligen Buchstaben ein.
   Du erhältst ein Lösungswort.

	richtig	falsch
Lisa und Leon sind auf dem Weg zum Fuβballtraining.	F	K
Sie sind gut gelaunt, weil sie gestern zum ersten Mal gegen die Mannschaft aus dem Nachbarort gewonnen haben.	E	R
Tim hat jemanden aus Kevins Gang gesehen, der den Mülleimer angezündet hat.	I	U
Der Fuβballverein bietet auch Nachhilfe an.	S	N
Paul hat die Mathearbeit angezündet, weil er die Lehrerin nicht leiden kann.	A	T

Lösungswort:

6. Welche Rolle spielt das Lösungswort für die Geschichte? Schreibe auf.

7. Welchen Rat geben Lisa und Leon Paul? Schreibe auf.

Lösungen Aufgaben (1)

1. Wen verdächtigen die Kinder, als sie sich gemeinsam vor dem Training unterhalten? Kreise ein.

Nina	Tim (eingekreist)	Trainer	Leon
Lisa	Brandstifter aus der Zeitung (eingekreist)	Paul	Kevins Mofa-Gang (eingekreist)

2. Was weißt du alles über Paul? Kreuze an.
   - ☐ Paul ist der beste Spieler der Mannschaft. Er spielt nicht nur Fußball, sondern ist auch bei der Feuerwehr.
   - ☐ Paul spielt sehr gerne Fußball. In Deutsch ist er nicht so gut, da hat er eine schlechte Note bekommen.
   - ☒ Paul ist der beste Spieler der Mannschaft. In Mathematik ist er nicht so gut, da hat er eine schlechte Note bekommen.

3. Was erfährt man über den Brandstifter aus der Zeitung? Kreuze an.
   - ☐ Er hat in den letzten Wochen viele Waldhütten angezündet und keiner weiß, wer es ist.
   - ☒ Er hat in den letzten Wochen viele Waldhütten angezündet und wurde gestern verhaftet.
   - ☐ Er hat in den letzten Wochen viele Mülleimer angezündet und wurde gestern verhaftet.

4. Was steht auf dem Zettel, den Lisa im Mülleimer findet? Kreise ein.

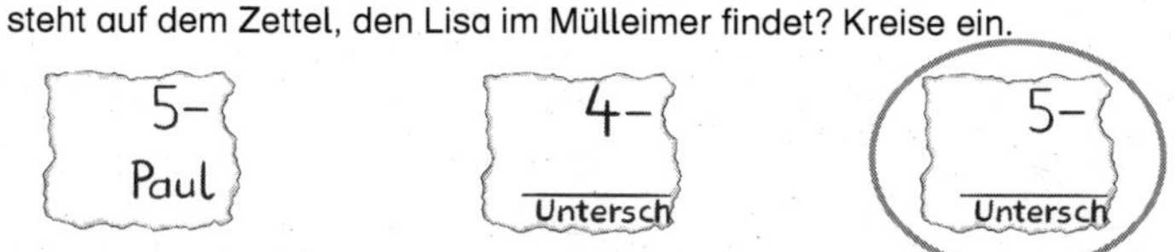

Lösungen Aufgaben (2)

5. Was stimmt? Kreuze an.
   - ☐ Lisa und Leon sind auf dem Weg zum Handballtraining. (A)
   - ☒ Die Kinder sind gut gelaunt, weil sie am Vortag erneut gegen die Mannschaft aus dem Nachbarort gewonnen haben. (N)
   - ☒ Der Mülleimer vor dem Vereinsheim hat lichterloh gebrannt. (O)
   - ☐ Der Trainer findet neben dem Mülleimer ein rotes Feuerzeug. (S)
   - ☒ Leon verdächtigt Tim. (T)
   - ☒ Tim verdächtigt die Mofa-Gang von Kevin, die öfter nach dem Training Zigaretten raucht. (E)
   - ☐ Lisa hat Paul dabei beobachtet, wie er die Mathearbeit angezündet und in den Mülleimer geworfen hat. (T)

6. Die Buchstaben hinter den richtigen Sätzen von Aufgabe 5 ergeben ein Lösungswort: *Note*

7. Welche Rolle spielt das Lösungswort in der Geschichte? Schreibe auf.

   Paul hat eine schlechte Note in Mathematik bekommen. Er war frustriert und hatte Angst, dass seine Eltern ihn nicht mehr Fußball spielen lassen. Deshalb hat er die Mathearbeit im Mülleimer auf dem Fußballplatz verbrannt.

8. Was antwortet Lisa Paul, als er die Tat gesteht? Ergänze die Lücken.

   „Du musst mit deinen *Eltern* reden, Paul", sagt Lisa.

   „Und vorher am besten mit unserem *Trainer*. Der hilft dir bestimmt.

   Auf der Internetseite vom *Verein* steht übrigens, dass der Club für Schüler bei Bedarf auch *Nachhilfe* anbietet.

   Das wäre doch bestimmt etwas für dich!

   Erst *lernen*, dann trainieren."

Lösungen Aufgaben (1)

1. Zu Beginn werden die folgenden Personen verdächtigt.
   Warum? Wer äußert den Verdacht? Schreibe es in die Felder.

Verdächtigte	Grund des Verdachts	Wer äußert den Verdacht?
 Brandstifter aus der Zeitung	*Er hat in letzter Zeit mehrere Waldhütten abgebrannt.*	*Lisa*
 Tim	*Er hat schon mal auf dem Fußballplatz randaliert.*	*Leon*
 Kevins Mofa-Gang	*Er und seine Mofa-Gang rauchen oft nach dem Training. Vielleicht haben sie eine glühende Zigarette in den Mülleimer geworfen.*	*Tim*

2. Warum ist Lisa am Anfang erleichtert, als sie Paul sieht? Schreibe auf.

   Lisa hatte Angst, dass Paul aufgrund der schlechten Mathenote nicht mehr Fußball spielen darf.

3. In die Sätze aus der Geschichte haben sich Fehler eingeschlichen. Hör noch mal genau hin. Streiche die falschen Wörter durch und schreibe die richtigen darüber.

   den anstrengenden Übungen
   Bei ~~dem guten Wetter~~ vergessen die Kinder für eine Weile den Brand.

   die Brandstelle
   Nach dem Training untersucht Lisa noch einmal ausgiebig ~~den Tatort~~.

   Abendessen
   Wie so oft schleicht sie auch heute nach dem ~~Mittagessen~~ in Leons Zimmer.

Lösungen Aufgaben (2)

4. Was steht auf dem Zettel, den Lisa im Mülleimer findet? Schreibe es darauf.

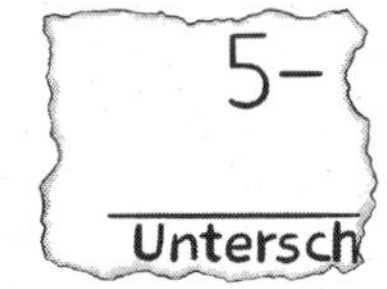

5. Richtig oder falsch? Kreise den jeweiligen Buchstaben ein.
   Du erhältst ein Lösungswort.

	richtig	falsch
Lisa und Leon sind auf dem Weg zum Fußballtraining.	F	K
Sie sind gut gelaunt, weil sie gestern zum ersten Mal gegen die Mannschaft aus dem Nachbarort gewonnen haben.	E	R
Tim hat jemanden aus Kevins Gang gesehen, der den Mülleimer angezündet hat.	I	U
Der Fußballverein bietet auch Nachhilfe an.	S	N
Paul hat die Mathearbeit angezündet, weil er die Lehrerin nicht leiden kann.	A	T

Lösungswort: *Frust*

6. Welche Rolle spielt das Lösungswort für die Geschichte? Schreibe auf.

   Paul ist frustriert über die schlechte Note in Mathematik. Deshalb verbrennt er die Arbeit im Mülleimer auf dem Fußballplatz.

7. Welchen Rat geben Lisa und Leon Paul? Schreibe auf.

   Sie raten Paul, mit seinen Eltern und dem Trainer zu sprechen. Außerdem schlagen sie ihm vor, Nachhilfe zu nehmen, die der Fußballverein anbietet.

Hinweise für die Lehrkraft

Inhalt der Geschichte

Endlich dürfen Lisa und Leon allein mit Fritz, dem Hund ihrer Tante, spazieren gehen! Als sie an einem kleinen Weiher vorbeikommen, trinkt Fritz ausgiebig von dem Wasser und bekommt schlimmen Durchfall. Zu spät stellen die Zwillinge mit Entsetzen fest, dass einige Fische nah an der Oberfläche schwimmen und nach Luft schnappen. Ist das Wasser vergiftet? Lisa bekommt Angst. Hat die chemische Fabrik ihr giftiges Abwasser in den Weiher geleitet? Oder war wieder mal ein Hundehasser unterwegs? Tante Maren wird sofort verständigt und sie hat einen ganz anderen Verdacht. Sie glaubt, dass das Weiherwasser aufgrund der großen Hitze „gekippt“ ist. Zum Glück kommt gleich die Feuerwehr und kann das Wasser mit vier Pumpen umwälzen. Die Fische sind gerettet und auch Fritz geht es nach einem Besuch beim Tierarzt wieder gut.

Schwierige Wörter

Die Bedeutung folgender Wörter und Ausdrücke sollte zu Beginn der Stunde geklärt werden:
den Hund ausführen: Gassi gehen
in voller Montur: (in Uniform/Dienstkleidung) bekleidet bzw. angezogen
chemische Fabrik: eine große Werkstatt, in der Wissenschaftler und Techniker arbeiten, um bestimmte Flüssigkeiten oder Stoffe herzustellen (z. B. Medikamente, Reinigungsmittel)
Abwasser: schmutziges Wasser
Giftköder: z. B. vergiftete Lebensmittel, die Tiere töten können, wenn sie sie fressen

Tipps für den Stundenverlauf

Unterbrechen Sie den Hörspieltext bei dem ersten Sonnensymbol.
Lassen Sie die Kinder eigene Vermutungen anstellen, was es mit dem Weiherwasser auf sich haben könnte.

Pausieren Sie den Hörspieltext bei dem zweiten Sonnensymbol erneut.
Prüfen Sie, ob die Kinder verstanden haben, wie das Wasser zunächst kippen und wie es nun wieder umgewälzt werden konnte. Erklären Sie das Phänomen bei Bedarf ausführlicher.

Weiterführende Unterrichtsideen

Gesprächsanlass:
Die Kinder sammeln im Plenum Ideen zu der Frage:

- „In welchen Situationen hilft die Feuerwehr?“

Dabei soll den Schüler*innen bewusst werden, dass die Feuerwehr nicht nur für das Löschen von Bränden zuständig ist, sondern viele weitere Aufgaben übernimmt (z. B. Hochwasserschutz, Bergung von Personen und Tieren, Straßensperrungen bei Verkehrsunfällen).
Als Bildimpuls können Sie die Illustration des Feuerwehrmanns auf der dritten Seite des Hörspieltextes verwenden.

Gift-Alarm?!

„Juhu! Endlich dürfen wir mit Fritz Gassi gehen!", jubelt Lisa. „Das wird richtig cool!", sagt ihr Zwillingsbruder Leon und lacht. Lisa bettelt schon seit Monaten bei ihrer Tante, dass sie deren Hund Fritz mal allein oder zusammen mit Leon ausführen darf. Fritz ist ein Dackel mit braunem Fell.

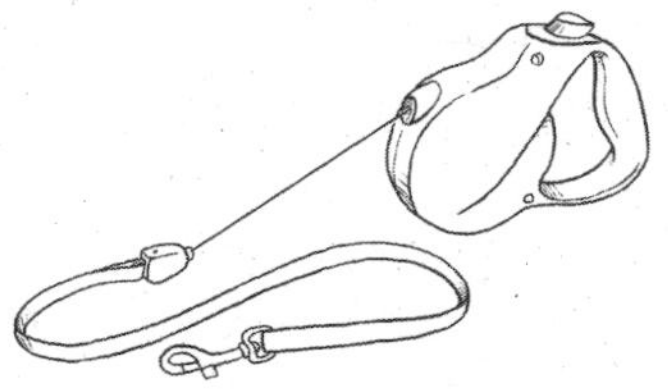

Er verbrachte einige Zeit seines Lebens im Tierheim, doch seit einem Jahr lebt er bei Tante Maren. Der Tierarzt schätzt sein Alter auf etwa 4 Jahre.

Nachdem Lisa nun ein paarmal mit ihrer Tante und dem Hund in der Hundeschule war, darf sie heute zum ersten Mal allein mit ihm Gassi gehen. Das Wetter ist schrecklich heiß und so beschließen die Zwillinge, mit Fritz einen Spaziergang zu einem nahe liegenden Weiher zu machen. Auf dem Weg laufen die Geschwister an der Schafherde von Bauer Hubert vorbei. Dicht gedrängt liegen die Tiere in dem wenigen Schatten, den die Bäume zur Mittagszeit spenden. Als die Kinder am Weiher ankommen, zieht Fritz immer heftiger in Richtung Wasser. Der Dackel freut sich mächtig. Lisa lässt ihn von der Leine. Fritz stürzt gleich zum Ufer, wo er erst einmal ausgiebig seinen Durst stillt. Währenddessen beobachtet Lisa die niedliche Ente, die vor ihren Füßen watschelt.

„Schau mal, Lisa!", ruft Leon plötzlich aufgeregt. „Die Fische im Wasser! Sie schwimmen alle an der Oberfläche und schnappen nach Luft! Ruf Fritz schnell zurück!"

Doch es ist bereits zu spät. Fritz hat jede Menge Weiherwasser getrunken.

„Oh nein, was ist denn da los?", ruft Lisa ängstlich. „Ist das Wasser etwa vergiftet oder so? Fritz! Komm her!"

Schnell läuft Lisa zum Ufer. Fritz will gerade losschwimmen.

Samt Schuhen und in voller Montur stürzt sich Lisa ins Wasser. Es gelingt ihr gerade noch, den Dackel am Halsband zu fassen.

„Komm, Fritz!", ruft Leon.

Lisa zieht den Hund mit Leons Hilfe aus dem Wasser.

„Ob das Wasser wirklich vergiftet ist?", fragt Lisa ängstlich.

„Kann schon sein“, antwortet Leon. „Hier in der Nähe gibt es doch eine chemische Fabrik. Vielleicht leiten die ihr Abwasser hier rein?“
„Oder das war der Typ mit den Giftködern“, meint Lisa. „Dieser Hundehasser.“
„Den haben sie doch gefunden und der musste eine ordentliche Strafe zahlen“, beruhigt sie Leon.
„Schon, aber der hasst ja weiterhin Hunde und vielleicht Tiere allgemein. Oh weh, hoffentlich ist jetzt nichts mit Fritz. Wir sollten so schnell wie möglich zu Tante Maren zurückgehen“, beschließt Lisa.
Sie ist auf dem Heimweg völlig außer sich und hat ein ganz schlechtes Gewissen. Da erlaubt ihre Tante nach fast einem Jahr endlich den Spaziergang und nun das. Jetzt krümmt sich Fritz auch noch, als ob er Schmerzen hätte. Auf einmal hat Fritz ganz wässrigen Durchfall.
„Ich ruf jetzt gleich unsere Tante an“, sagt Lisa mit Tränen in den Augen. „Sie soll sofort mit Fritz zum Tierarzt. Wenn ich den erwische, der das Wasser vergiftet hat!“

Zum Glück kommt ihnen Tante Maren auf halbem Weg entgegen. Lisa laufen inzwischen die Tränen übers Gesicht.
„Es tut mir so leid!“, beginnt Lisa zu erzählen. „Mit dem Wasser ist irgendetwas nicht in Ordnung. Die Fische schnappen so komisch nach Luft, vielleicht von irgendwelchem Zeug aus der Fabrik oder es war dieser Hundehasser! Hoffentlich stirbt Fritz jetzt nicht.“
„Beruhige dich erst mal!“, tröstet die Tante Lisa und drückt sie kurz an sich.
Dann kümmert sie sich sofort um ihren Hund und beschließt: „Wir fahren jetzt gleich zum Tierarzt. Ich habe übrigens noch eine dritte Vermutung, was es mit dem Wasser auf sich haben könnte!“

Eine Stunde später ist Fritz versorgt und liegt wieder friedlich in seinem Körbchen. Die Magenkrämpfe sind viel besser geworden. Noch vom Tierarzt aus hat Tante Maren die Feuerwehr angerufen. Ihre Vermutung war nämlich, dass das Weiherwasser aufgrund der großen Hitze „gekippt“ ist.
Wieder zu Hause fragt Leon nach: „Gekippt? Was soll das eigentlich sein?“

„Das kann passieren, wenn es im Sommer sehr heiß ist und sich im Weiherwasser deshalb zu wenig Sauerstoff befindet“, antwortet seine Tante. „Die Fische im Wasser können daran sterben. Aber vielleicht kann die Feuerwehr noch etwas dagegen unternehmen.“

Aus Neugier gehen die Zwillinge am Nachmittag noch mal an den Weiher und beobachten die Feuerwehr. Diese versucht mit vier Pumpen, das Wasser umzuwälzen. So gelangt wieder mehr Sauerstoff in den Weiher. Stundenlang bis in die Abendstunden arbeitet die Feuerwehr. Mit Erfolg! Am Ende ist das Gleichgewicht im Wasser wiederhergestellt und die Fische sind gerettet.

Am nächsten Tag besuchen Lisa und Leon ihre Tante. Fritz geht es wieder gut und Tante Maren ist gar nicht böse. „Das hätte mir auch passieren können“, sagt sie nur. „Wollt ihr nächsten Freitag wieder etwas mit Fritz unternehmen? Da arbeite ich lange und habe kaum Zeit für ihn.“

„Sehr gern, Tante Maren!“, ruft Lisa erleichtert und freut sich.

Text als Audio →

Aufgaben (1)

1. Welche Tiere kommen in der Geschichte vor? Kreise ein.

2. Was erfährst du über Fritz? Kreuze an.

- ☐ Fritz ist ein brauner Pudel. Er ist etwa vier Jahre alt. Tante Maren hat ihn vor zwei Jahren aus dem Tierheim geholt. (K)
- ☐ Fritz ist ein schwarzer Dackel. Er ist etwa drei Jahre alt. Tante Maren hat ihn vor einem Jahr von einem Züchter gekauft. (S)
- ☐ Fritz ist ein brauner Dackel. Er ist etwa vier Jahre alt. Tante Maren hat ihn vor einem Jahr aus dem Tierheim geholt. (H)

3. Woran erkennen die Kinder, dass etwas mit dem Weiher nicht stimmt? Kreuze an.

- ☐ Die Fische ringen nach Luft. (i)
- ☐ Das Wasser hat eine seltsame Farbe. (e)
- ☐ Der Weiher riecht seltsam. (a)

4. Was passiert, nachdem Fritz von dem Weiherwasser getrunken hat? Kreuze an.

- ☐ Fritz bekommt Bauchweh und muss sich übergeben. (b)
- ☐ Fritz bekommt Bauchweh und hat wässrigen Durchfall. (t)
- ☐ Fritz bekommt fast keine Luft mehr. (n)

5. Was macht Tante Maren zuerst, als sie den Kindern begegnet? Kreuze an.

- ☐ Sie stürmt sofort auf ihren Hund zu und kümmert sich um ihn. (m)
- ☐ Zuerst tröstet sie Lisa und nimmt sie in den Arm. (z)
- ☐ Sie ruft zuallererst die Feuerwehr. (o)

Aufgaben (2)

6. Was sagt Tante Maren am nächsten Tag zu Lisa und Leon? Kreuze an.

   ☐ „Ist doch nicht so schlimm.“ (u)

   ☐ „Fritz geht es ja wieder gut.“ (i)

   ☐ „Das hätte mir auch passieren können.“ (e)

7. Die Buchstaben hinter den richtigen Antworten von Aufgabe 2 bis 6 ergeben ein Lösungswort: ______________

8. Welche Rolle spielt das Lösungswort in der Geschichte? Schreibe auf.

   ____

   ____

9. Ergänze die Lücken. Die Wörter aus dem grauen Kasten helfen dir dabei.

   Wenn es im Sommer sehr ______________ ist, kann das Wasser in Teichen, Weihern oder Seen ______________. Das bedeutet, dass das Wasser zu wenig ______________ enthält. ______________, die im Wasser leben, können daran ______________. Dann muss man versuchen, das Wasser ______________. Dabei sollte wieder mehr Sauerstoff in das Wasser gelangen, sodass das ______________ des Gewässers wiederhergestellt wird.

sterben · heiß · kippen · Tiere · Gleichgewicht · umzuwälzen · Sauerstoff

Aufgaben (1)

1. Welche Tiere kommen in der Geschichte vor? Schreibe auf.

____

____

2. Was erfährst du am Anfang über Fritz? Fülle die Lücken aus.

Fritz ist ein Hund, genauer gesagt ein ______________________.

Sein Fell ist ______________________.

Vor einem Jahr holte Tante Maren ihn aus dem

______________________. Der ______________________

schätzt sein Alter auf etwa ______________________ Jahre.

3. Woran erkennen die Kinder, dass etwas mit dem Weiher nicht stimmt? Male es in das Bild.

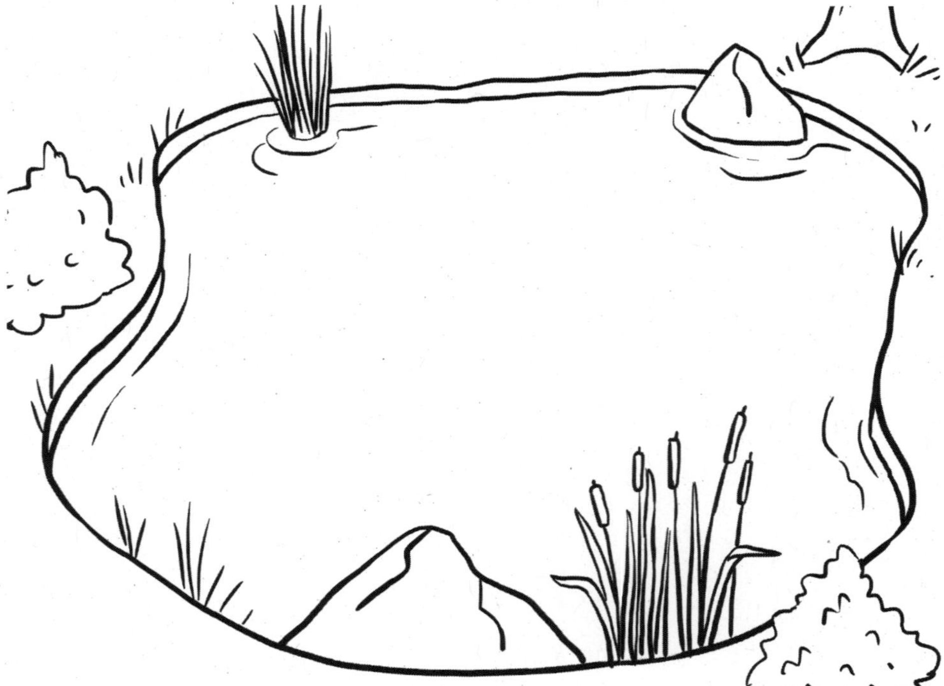

Aufgaben (2)

4. Was passiert mit Fritz, kurz nachdem er von dem Weiherwasser getrunken hat? Schreibe auf.

____

____

5. Was ist mit dem Weiher passiert? Schreibe auf.
   Benutze dabei folgende Wörter:

> heiß · Wasser gekippt · zu wenig Sauerstoff · Fische in Gefahr · Feuerwehr · Wasser umwälzen · Fische gerettet

____

____

____

____

____

____

6. Was sagt Tante Maren zu Lisa und Leon am nächsten Tag? Schreibe auf.

Lösungen Aufgaben (1)

1. Welche Tiere kommen in der Geschichte vor? Kreise ein.

2. Was erfährst du über Fritz? Kreuze an.
   - ☐ Fritz ist ein brauner Pudel. Er ist etwa vier Jahre alt. Tante Maren hat ihn vor zwei Jahren aus dem Tierheim geholt. (K)
   - ☐ Fritz ist ein schwarzer Dackel. Er ist etwa drei Jahre alt. Tante Maren hat ihn vor einem Jahr von einem Züchter gekauft. (S)
   - ☒ Fritz ist ein brauner Dackel. Er ist etwa vier Jahre alt. Tante Maren hat ihn vor einem Jahr aus dem Tierheim geholt. (H)

3. Woran erkennen die Kinder, dass etwas mit dem Weiher nicht stimmt? Kreuze an.
   - ☒ Die Fische ringen nach Luft. (i)
   - ☐ Das Wasser hat eine seltsame Farbe. (e)
   - ☐ Der Weiher riecht seltsam. (a)

4. Was passiert, nachdem Fritz von dem Weiherwasser getrunken hat? Kreuze an.
   - ☐ Fritz bekommt Bauchweh und muss sich übergeben. (b)
   - ☒ Fritz bekommt Bauchweh und hat wässrigen Durchfall. (t)
   - ☐ Fritz bekommt fast keine Luft mehr. (n)

5. Was macht Tante Maren zuerst, als sie den Kindern begegnet? Kreuze an.
   - ☐ Sie stürmt sofort auf ihren Hund zu und kümmert sich um ihn. (m)
   - ☒ Zuerst tröstet sie Lisa und nimmt sie in den Arm. (z)
   - ☐ Sie ruft zuallererst die Feuerwehr. (o)

Lösungen Aufgaben (2)

6. Was sagt Tante Maren am nächsten Tag zu Lisa und Leon? Kreuze an.
   - ☐ „Ist doch nicht so schlimm." (u)
   - ☐ „Fritz geht es ja wieder gut." (i)
   - ☒ „Das hätte mir auch passieren können." (e)

7. Die Buchstaben hinter den richtigen Antworten von Aufgabe 2 bis 6 ergeben ein Lösungswort: *Hitze*

8. Welche Rolle spielt das Lösungswort in der Geschichte? Schreibe auf.

   Aufgrund der großen Hitze ist das Wasser im Weiher gekippt.

9. Ergänze die Lücken. Die Wörter aus dem grauen Kasten helfen dir dabei.

   Wenn es im Sommer sehr *heiß* ist, kann das Wasser in Teichen, Weihern oder Seen *kippen*. Das bedeutet, dass das Wasser zu wenig *Sauerstoff* enthält. *Tiere*, die im Wasser leben, können daran *sterben*. Dann muss man versuchen, das Wasser *umzuwälzen*. Dabei sollte wieder mehr Sauerstoff in das Wasser gelangen, sodass das *Gleichgewicht* des Gewässers wiederhergestellt wird.

   sterben · heiß · kippen · Tiere · Gleichgewicht · umzuwälzen · Sauerstoff

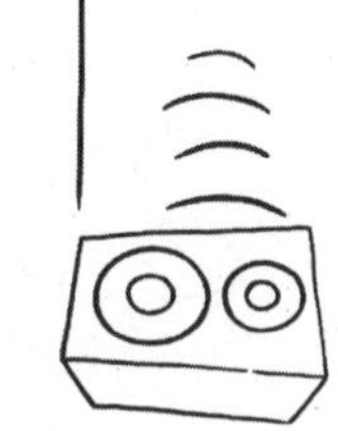

Lösungen Aufgaben (1)

1. Welche Tiere kommen in der Geschichte vor? Schreibe auf.

   In der Geschichte kommen ein Hund, Fische, Schafe und eine Ente vor.

2. Was erfährst du am Anfang über Fritz? Fülle die Lücken aus.

   Fritz ist ein Hund, genauer gesagt ein *Dackel*.

   Sein Fell ist *braun*.

   Vor einem Jahr holte Tante Maren ihn aus dem *Tierheim*. Der *Tierarzt* schätzt sein Alter auf etwa *vier* Jahre.

3. Woran erkennen die Kinder, dass etwas mit dem Weiher nicht stimmt? Male es in das Bild.

Fische, die nach Luft schnappen

Lösungen Aufgaben (2)

4. Was passiert mit Fritz, kurz nachdem er von dem Weiherwasser getrunken hat? Schreibe auf.

   Fritz krümmt sich vor Schmerzen und hat auf einmal ganz wässrigen Durchfall.

5. Was ist mit dem Weiher passiert? Schreibe auf. Benutze dabei folgende Wörter:

   heiß · Wasser gekippt · zu wenig Sauerstoff · Fische in Gefahr · Feuerwehr · Wasser umwälzen · Fische gerettet

   Weil es sehr heiß ist, ist in dem Weiher das Wasser gekippt. Es enthielt zu wenig Sauerstoff und die Fische waren in Gefahr. Die Feuerwehr konnte mit mehreren Pumpen das Wasser umwälzen. Am Ende waren die Fische gerettet.

6. Was sagt Tante Maren zu Lisa und Leon am nächsten Tag? Schreibe auf.

Das hätte mir auch passieren können. Wollt ihr nächsten Freitag wieder etwas mit Fritz unternehmen? Da arbeite ich lange und habe kaum Zeit für ihn.

Hinweise für die Lehrkraft

Inhalt der Geschichte

Lisa ist mit zwei Freundinnen im Schwimmbad. Als sie schon fast im Wasser ist, bemerkt sie, dass sie noch ihre neue Uhr am Handgelenk trägt. Eigentlich wollte sie diese zur Sicherheit gleich zuhause lassen. Weil Lisa endlich ins Wasser will, versteckt sie die Uhr einfach unter ihrem Handtuch, anstatt sie in einen Spind einzuschließen. Doch als sie wieder zurück an ihren Platz kommt, ist die Uhr weg! Hat ihre Freundin Sonja die Uhr genommen, als sie vor Lisa und Nina aus dem Wasser ging? Oder war es Finn, der an Lisas Platz herumgeschlichen ist und der die Uhr für seine neue Freundin geklaut haben könnte? Oder war es die geheimnisvolle Frau im roten Bikini? Tatsächlich bringt die Frau Lisas Uhr schuldbewusst zurück. Sie hat ihren kleinen Sohn nur kurz aus den Augen gelassen. Dieser hat die Uhr gefunden und behalten, weil sie so schön geglitzert hat. Als Entschuldigung lädt die Frau die drei Mädchen auf ein Eis ein und Lisa ist wieder glücklich.

Schwierige Wörter

Die Bedeutung folgender Wörter und Redewendungen sollte zu Beginn der Stunde geklärt werden:
Das Wetter spielt mit: Das Wetter passt zu den eigenen Plänen (z. B. Sonne für Schwimmbad).
Spind: Schließfach
hektisch: sehr unruhig, sehr aufgeregt
neue Flamme: neuer Freund / neue Freundin, neue Liebe
Bestätigung: Zustimmung

Tipps für den Stundenverlauf

Unterbrechen Sie den Hörspieltext bei dem ersten Symbol der Armbanduhr.
Lassen Sie die Kinder erste eigene Vermutungen anstellen, was mit der Uhr geschehen sein könnte oder wer sie möglicherweise gestohlen hat.

Pausieren Sie den Hörspieltext bei dem zweiten Armbanduhrensymbol erneut.
Wiederholen Sie mit den Schüler*innen, welche Personen die Figuren verdächtigen und warum.
Vergleichen Sie das mit den vorherigen Vermutungen der Lernenden.
Die Schüler*innen sollen erneut Vermutungen anstellen, wer die Uhr gestohlen hat.

Verdacht im Schwimmbad

Endlich Ferien! Das Wetter spielt auch mit, draußen ist es sonnig und warm. Lisa ist zusammen mit ihren Freundinnen Nina und Sonja auf dem Weg zum Schwimmbad. Sonja ist erst seit drei Wochen in Lisas Klasse und scheint sehr nett zu sein. Nachdem die Mädchen einen schönen, schattigen Liegeplatz unter einer großen Eiche gefunden haben, wollen sie ins Wasser. Voller Vorfreude machen sich die Mädchen auf den Weg zum Schwimmbecken.
„Ach, Mist!", sagt Lisa, als sie schon fast im Wasser ist. „Meine schöne neue Uhr! Die habe ich zum Geburtstag bekommen. Eigentlich wollte ich sie zuhause lassen."
„Sperr sie doch noch schnell in einen Spind", schlägt Nina vor.
„Ach was", meint Sonja, „versteck sie einfach unter deinem Handtuch. Die klaut schon niemand."
Das macht Lisa auch. Sie hat keine Lust, den weiten Weg zu einem Spind zurückzugehen, sie will endlich ins Wasser!
Lachend und kreischend spritzen sich die Mädchen nass, tauchen unter und schwimmen ein paar Bahnen hin und her. Sonja geht zuerst aus dem Wasser, weil sie auf die Toilette muss.

„Ich glaube, ich muss jetzt auch raus und mich in der Sonne aufwärmen", meint Lisa nach einer Weile. „Das Wasser ist doch ziemlich kalt."
Zusammen mit Nina geht sie zurück an ihren Platz. Sonja ist bereits dort.
Die drei Mädchen spielen gerade ein Kartenspiel, da will Nina wissen: „Wie viel Uhr ist es eigentlich? Ich soll heute pünktlich zum Abendessen zurück sein, wir kriegen noch Besuch."
Lisa dreht sich zu ihrem Handtuch und tastet nach der Uhr.
„Das gibt es doch nicht!", ruft sie. „Meine Uhr ist weg."
Hektisch steht sie auf und schüttelt das Handtuch aus. Aber da ist nichts!
„Oh nein, ich habe mir die Uhr seit einem Jahr gewünscht. Das darf nicht wahr sein, die kann doch nicht einfach weg sein!", klagt Lisa.
Sie hat Tränen in den Augen und sucht nun auch verzweifelt in ihrer Tasche, obwohl sie sich sicher ist, dass sie die Uhr unter das Handtuch gelegt hat. Doch auch in der Tasche ist keine Uhr.

„Sag mal, Sonja“, meint Nina. „Du bist vor uns aus dem Wasser gegangen und hast Lisa sogar vorgeschlagen, die Uhr hier zu verstecken. Kann es sein, dass du sie genommen hast?“
Sonja wird rot und antwortet: „Du bist gemein. So etwas würde ich nie tun. Du musst mir glauben, Lisa.“
In ihrer Not geht Lisa zu ihrem Zwillingsbruder Leon. Er ist heute auch im Schwimmbad, gemeinsam mit seinem Kumpel Murat. Die beiden liegen nur ein paar Meter weiter in der Sonne. Lisa erzählt ihm alles und will wissen, ob er vielleicht etwas Verdächtiges beobachtet hat.
Leon überlegt kurz.
„Na ja, Sonja ist irgendwann vor euch gekommen“, stellt er fest. „Davor habe ich Finn kurz an dem Baum dort gesehen. Und eine Frau mit einem roten Bikini. Dort hinten ist sie, die mit dem kleinen Jungen.“
„Finn hat doch vor Kurzem ein paar Bonbons aus dem Pult von unserer Lehrerin geklaut“, fällt Lisa ein.
„Ja, aber Bonbons und eine teure Uhr, das ist schon ein Unterschied“, meint ihr Bruder. „Und außerdem, was will Finn denn mit einer Mädchen-Uhr?“
„Hat er nicht seit zwei Wochen eine Freundin?“, fragt Nina, die Lisa gefolgt ist. „Vielleicht hat er beobachtet, wie du die Uhr versteckt hast und will sie seiner neuen Flamme schenken.“
Sonja ist jetzt auch gekommen.
„Ich war es jedenfalls nicht,“ sagt sie trotzig.

„Schau mal, die Frau mit dem roten Bikini kommt auf uns zu“, flüstert Nina. An der Hand hat sie einen kleinen Jungen mit blonden, lockigen Haaren und vielen Sommersprossen im Gesicht. Tatsächlich kommt die Frau zielstrebig auf Lisa und ihre Freundinnen zugelaufen.
„Entschuldigung“, sagt sie und schaut Lisa dabei an. „Liegt ihr nicht eigentlich dort hinten?“
„Äh, ja, wieso fragen Sie?“, will Lisa wissen.
„Na ja …“ Die Frau schaut erst zu dem kleinen Jungen an ihrer Hand, dann streckt sie die andere Hand aus, die sie zu einer Faust geschlossen hat. Sie öffnet die Faust und zum Vorschein kommt … Lisas neue Uhr!
„Meine Uhr! Woher…?“, stammelt Lisa verwirrt.

„Es tut mir wirklich leid“, unterbricht die Frau Lisa. „Mein Sohn hat wohl beobachtet, wie du die Uhr unter deinem Handtuch versteckt hast. Da habe ich ihn kurz aus den Augen verloren und als ich ihn wiederfand, hatte er die Uhr bei sich. Er meinte, die Uhr hätte so schön geglitzert und deshalb hat er sie sich genommen.“
„Glitzer!“, sagt der Kleine wie zur Bestätigung.
„Ich habe auch schon mit ihm geschimpft und ihm erklärt, dass man nicht einfach die Sachen von fremden Leuten nehmen darf. Es ist mir wirklich peinlich.“
„Ach, schon vergessen!“, lacht Lisa. „Ich bin froh, dass ich meine Uhr wiederhabe!“
„Darf ich euch als Entschuldigung auf ein Eis einladen?“, fragt die Mutter des kleinen Jungen.
„Sehr gerne“, antwortet Lisa. „Aber erst schließe ich meine Uhr noch schnell in einen Spind. Beim nächsten Mal lasse ich sie gleich zuhause!“

Text als Audio →

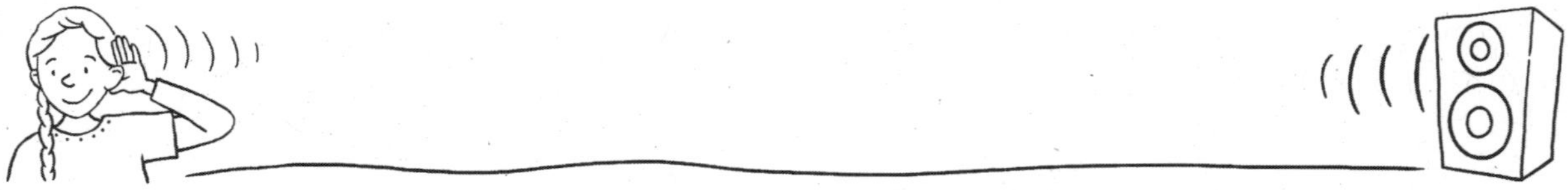

Aufgaben (1)

1. Welche Kinder sind im Schwimmbad? Kreise ein.

 Nina	 Tim	 Sonja	 Leon
 Lisa	 Murat	 Paul	 Finn

2. Wo finden die Kinder einen Liegeplatz? Kreuze an.
   - ☐ Sie finden einen Platz neben dem Schwimmerbecken in der Sonne. (B)
   - ☐ Sie finden einen Platz im Schatten unter einem Baum. (G)
   - ☐ Sie finden einen Platz in der Nähe der Umkleiden. (T)

3. Was erfährst du über Sonja? Kreuze an.
   - ☐ Lisa kennt Sonja schon seit dem Kindergarten. (e)
   - ☐ Sie ist erst seit drei Wochen in Lisas Klasse und wirkt sehr zickig. (a)
   - ☐ Sie ist erst seit drei Wochen in Lisas Klasse und scheint sehr nett zu sein. (l)

4. Warum sperrt Lisa die Uhr nicht in einen Spind? Kreuze an.
   - ☐ Sie hat keine Lust, noch mal bis zu den Spinden zu laufen. (i)
   - ☐ Für den Spind braucht man einen Euro und Lisa hat keinen dabei. (u)
   - ☐ Die Spinde werden oft aufgebrochen und sind deshalb nicht sicher. (m)

5. Warum verdächtigt Nina Sonja, die Uhr an sich genommen zu haben? Kreuze an.
   - ☐ Sonja hat vor Kurzem Bonbons aus dem Pult der Lehrerin geklaut. (st)
   - ☐ Nina kann Sonja nicht leiden und will ihr eins auswischen. (ei)
   - ☐ Sonja hat vorgeschlagen, die Uhr unter dem Handtuch zu verstecken und ist vor den Freundinnen auf den Platz zurückgegangen. (tz)

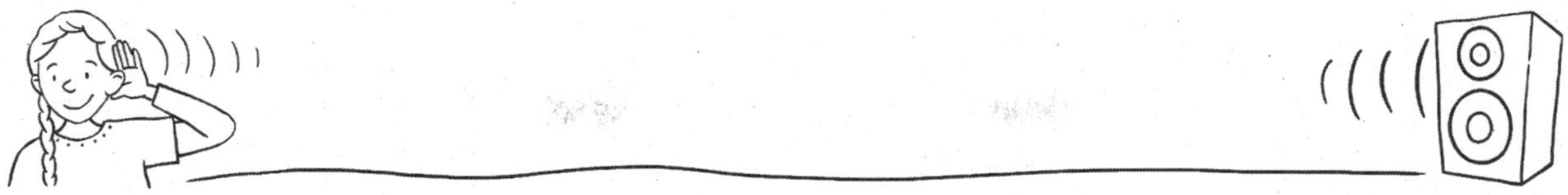

Aufgaben (2)

6. Welche Personen hat Leon in der Nähe von Lisas Liegeplatz gesehen? Kreuze an.

   ☐ Leon hat Sonja, Finn und eine Frau im roten Bikini gesehen. (er)

   ☐ Leon hat Sonja und einen kleinen Jungen gesehen. (el)

   ☐ Leon hat eine Frau im roten Bikini und einen kleinen Jungen gesehen. (en)

7. Die Buchstaben hinter den richtigen Antworten von Aufgabe 2 bis 6 ergeben ein Lösungswort:

8. Welche Rolle spielt das Lösungswort in der Geschichte? Schreibe auf.

   ____

   ____

9. Wie sieht der kleine Junge aus, der die Uhr genommen hat? Kreise ein.

10. Was bietet die Mutter des kleinen Jungen Lisa als Entschuldigung an? Male an.

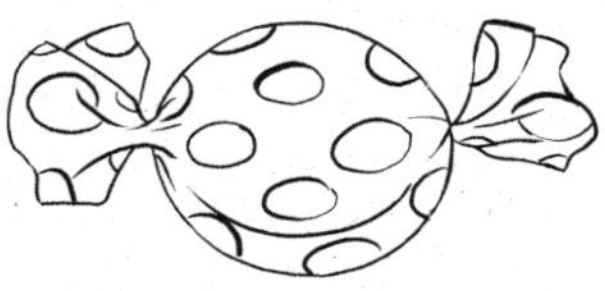

Aufgaben (1)

1. Wer begleitet Lisa ins Schwimmbad? Schreibe auf.

____

2. Fülle die Lücken aus und finde die Wörter im Wortgitter. Markiere sie farbig.

S	O	M	M	E	R	S	P	R	O	S	S	E	N	O	U	N	N	V	B	H	L
T	D	R	I	P	R	O	T	E	N	S	H	A	N	M	O	P	I	D	E	A	D
D	C	E	F	V	B	C	E	R	Z	T	P	U	L	T	H	T	N	E	S	N	R
F	S	P	I	N	D	S	D	E	O	P	O	I	Z	T	I	A	A	T	U	D	E
G	O	N	N	E	G	E	B	U	R	T	S	T	A	G	S	S	E	B	C	T	I
H	N	C	N	K	W	E	A	G	K	F	O	P	I	U	Z	C	W	N	H	U	G
J	J	R	F	I	G	E	G	L	I	T	Z	E	R	T	L	H	P	S	I	C	B
M	A	H	Z	W	I	L	L	I	N	G	S	B	R	U	D	E	R	Y	G	H	V

a) Sonja ist seit ________________ Wochen in Lisas Klasse.

b) Zum ______________________ hat Lisa eine neue Uhr bekommen.

c) Lisa hat keine Lust, die Uhr in einen ________________ einzusperren.

d) Lisa versteckt die Uhr unter ihrem ______________________.

e) ________________ geht zuerst aus dem Wasser.

f) ________________ glaubt, dass Sonja die Uhr genommen hat.

g) Ninas Familie bekommt heute noch ________________.

h) Lisa sucht auch in ihrer ________________ verzweifelt nach der Uhr.

i) Leon ist Lisas ____________________________________.

j) ____________ war auch kurz in der Nähe des Liegeplatzes unter dem Baum.

k) Finn hat vor Kurzem Bonbons aus dem____________ der Lehrerin geklaut.

l) Der kleine Junge hat viele ____________________________________.

m) Die Mutter des kleinen Jungen trägt einen ________________ Bikini.

n) Der kleine Junge nahm die Uhr, weil sie so schön ________________ hat.

Aufgaben (2)

3. Unter welcher Art von Baum finden die Kinder einen Liegeplatz? Male an.

4. Welche Personen hat Leon in der Nähe von Lisas Liegeplatz gesehen? Schreibe in Stichpunkten.

____

____

5. Was bietet die Mutter des Jungen Lisa als Entschuldigung an? Male.

6. Welche Überschrift würde noch zu der Geschichte passen? Kreuze an.

- ☐ Schwerverbrecher im Schwimmbad
- ☐ Die Frau im roten Bikini
- ☐ Der schöne Badetag
- ☐ Die glitzernde Uhr

Lösungen Aufgaben (1)

1. Welche Kinder sind im Schwimmbad? Kreise ein.

2. Wo finden die Kinder einen Liegeplatz? Kreuze an.
   - ☐ Sie finden einen Platz neben dem Schwimmerbecken in der Sonne. (B)
   - ☒ Sie finden einen Platz im Schatten unter einem Baum. (G)
   - ☐ Sie finden einen Platz in der Nähe der Umkleiden. (T)

3. Was erfährst du über Sonja? Kreuze an.
   - ☐ Lisa kennt Sonja schon seit dem Kindergarten. (e)
   - ☐ Sie ist erst seit drei Wochen in Lisas Klasse und wirkt sehr zickig. (a)
   - ☒ Sie ist erst seit drei Wochen in Lisas Klasse und scheint sehr nett zu sein. (l)

4. Warum sperrt Lisa die Uhr nicht in einen Spind? Kreuze an.
   - ☒ Sie hat keine Lust, noch mal bis zu den Spinden zu laufen. (i)
   - ☐ Für den Spind braucht man einen Euro und Lisa hat keinen dabei. (u)
   - ☐ Die Spinde werden oft aufgebrochen und sind deshalb nicht sicher. (m)

5. Warum verdächtigt Nina Sonja, die Uhr an sich genommen zu haben? Kreuze an.
   - ☐ Sonja hat vor Kurzem Bonbons aus dem Pult der Lehrerin geklaut. (st)
   - ☐ Nina kann Sonja nicht leiden und will ihr eins auswischen. (ei)
   - ☒ Sonja hat vorgeschlagen, die Uhr unter dem Handtuch zu verstecken und ist vor den Freundinnen auf den Platz zurückgegangen. (tz)

Lösungen Aufgaben (2)

6. Welche Personen hat Leon in der Nähe von Lisas Liegeplatz gesehen? Kreuze an.
   - ☒ Leon hat Sonja, Finn und eine Frau im roten Bikini gesehen. (er)
   - ☐ Leon hat Sonja und einen kleinen Jungen gesehen. (el)
   - ☐ Leon hat eine Frau im roten Bikini und einen kleinen Jungen gesehen. (en)

7. Die Buchstaben hinter den richtigen Antworten von Aufgabe 2 bis 6 ergeben ein Lösungswort: *Glitzer*

8. Welche Rolle spielt das Lösungswort in der Geschichte? Schreibe auf.

   Der kleine Junge hat Lisas Uhr genommen, weil sie so schön geglitzert hat.

9. Wie sieht der kleine Junge aus, der die Uhr genommen hat? Kreise ein.

10. Was bietet die Mutter des kleinen Jungen Lisa als Entschuldigung an? Male an.

Lösungen Aufgaben (1)

1. Wer begleitet Lisa ins Schwimmbad? Schreibe auf.

   Nina und Sonja begleiten Lisa ins Schwimmbad.

2. Fülle die Lücken aus und finde die Wörter im Wortgitter. Markiere sie farbig.

S	O	M	M	E	R	S	P	R	O	S	S	E	N	O	U	N	N	V	B	H	L
T	D	R	I	P	R	O	T	E	N	S	H	A	N	M	O	P	I	D	E	A	D
D	C	E	F	V	B	C	E	R	Z	T	P	U	L	T	H	T	N	E	S	N	R
F	S	P	I	N	D	S	D	E	O	P	O	I	Z	T	I	A	A	T	U	D	E
G	O	N	N	E	G	E	B	U	R	T	S	T	A	G	S	S	E	B	C	T	I
H	N	C	N	K	W	E	A	G	K	F	O	P	I	U	Z	C	W	N	H	U	G
J	J	R	F	I	G	E	G	L	I	T	Z	E	R	T	L	H	P	S	I	C	B
M	A	H	Z	W	I	L	L	I	N	G	S	B	R	U	D	E	R	Y	G	H	V

a) Sonja ist seit *drei* Wochen in Lisas Klasse.

b) Zum *Geburtstag* hat Lisa eine neue Uhr bekommen.

c) Lisa hat keine Lust, die Uhr in einen *Spind* einzusperren.

d) Lisa versteckt die Uhr unter ihrem *Handtuch*.

e) *Sonja* geht zuerst aus dem Wasser.

f) *Nina* glaubt, dass Sonja die Uhr genommen hat.

g) Ninas Familie bekommt heute noch *Besuch*.

h) Lisa sucht auch in ihrer *Tasche* verzweifelt nach der Uhr.

i) Leon ist Lisas *Zwillingsbruder*.

j) *Finn* war auch kurz in der Nähe des Liegeplatzes unter dem Baum.

k) Finn hat vor Kurzem Bonbons aus dem *Pult* der Lehrerin geklaut.

l) Der kleine Junge hat viele *Sommersprossen*.

m) Die Mutter des kleinen Jungen trägt einen *roten* Bikini.

n) Der kleine Junge nahm die Uhr, weil sie so schön *geglitzert* hat.

Lösungen Aufgaben (2)

3. Unter welcher Art von Baum finden die Kinder einen Liegeplatz? Male an.

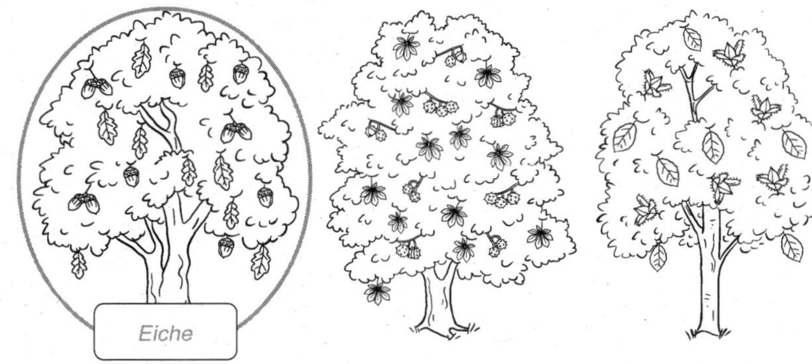

4. Welche Personen hat Leon in der Nähe von Lisas Liegeplatz gesehen? Schreibe in Stichpunkten.

   Sonja, Finn, Frau im roten Bikini

5. Was bietet die Mutter des Jungen Lisa als Entschuldigung an? Male.

6. Welche Überschrift würde noch zu der Geschichte passen? Kreuze an.

- ☐ Schwerverbrecher im Schwimmbad
- ☐ Die Frau im roten Bikini
- ☐ Der schöne Badetag
- ☒ Die glitzernde Uhr

Hinweise für die Lehrkraft

Inhalt der Geschichte

Lisa und Nina gehen zusammen auf Shoppingtour. Ninas kleine Schwester Emmi ist zum Unmut von Nina auch mit dabei. Doch plötzlich ist Emmi wie vom Erdboden verschwunden! Laut dem Verkäufer hat sie das Geschäft schon vor einiger Zeit zusammen mit einer Frau verlassen, von dem der Verkäufer glaubte, es sei ihre Mama. Verzweifelt machen sich die zwei Mädchen auf die Suche nach Emmi. Zu ihrer großen Erleichterung finden sie sie in einem Spielwarenladen bei einer Plüschgiraffe, für die sich Emmi schon am Anfang der Shoppingtour sehr interessiert hat. Nina ist so froh, ihre Schwester wiederzuhaben, dass sie ihr das Stofftier schenkt.

Schwierige Wörter

Die Bedeutung folgender Wörter oder Redewendungen sollte zu Beginn der Stunde geklärt werden:
Nervensäge: nervige Person
jemanden an der Backe haben: sich um jemanden kümmern müssen
raunen / brummen: knurren, meckern
sich die schlimmsten Dinge ausmalen: glauben, dass etwas ganz Schlimmes passiert (ist)
Jemandem fällt ein Stein vom Herzen: Jemand ist sehr erleichtert.
vorwurfsvoll: schimpfend
kurzerhand: gleich, sofort

Tipps für den Stundenverlauf

Unterbrechen Sie den Hörspieltext bei dem Symbol der Plüschgiraffe. Lassen Sie die Kinder Vermutungen anstellen, was mit Emmi passiert sein bzw. wo sie stecken könnte.

Weiterführende Unterrichtsideen

Gesprächsanlässe:

Die Kinder diskutieren mit einem Partnerkind oder im Plenum über die folgende Frage:

- „Wie findest du Ninas Verhalten am Anfang der Geschichte?“

Vermisst!

Es sind Ferien. Lisa will heute zusammen mit ihrer Freundin Nina mit dem Bus in die Stadt fahren und ein bisschen shoppen. Als sie bei Nina klingelt, öffnet diese gleich die Tür.
„Hallo Lisa, wir müssen meine kleine Schwester mitnehmen“, brummt Nina und verdreht dabei genervt die Augen. „Meine Mama muss heute Nachmittag arbeiten und ich soll auf die kleine Nervensäge aufpassen.“
„Das ist doch kein Problem“, meint Lisa. „Ich finde Emmi süß.“
„Na, du hast sie ja auch nicht jeden Tag an der Backe“, seufzt Nina.
„Emmi, jetzt beeil dich doch, sonst verpassen wir noch den Bus!“, ruft sie in die Richtung von Emmis Zimmer.

In der Stadt bleibt Emmi an jedem Schaufenster stehen und drückt sich an den Scheiben die Nase platt. Ungeduldig zieht Nina sie an der Hand weiter.
„Warte doch mal“, quengelt Emmi. „Schau mal da, die Stoffgiraffe! Kann ich die haben?“
„Nein!“, raunt Nina. „Das komische Ding ist viel zu teuer. Mama hat mir für dich nur fünf Euro mitgegeben und von meinem Taschengeld kaufe ich mir einen Bikini.“

Endlich stehen sie vor Ninas Lieblingsladen. Zusammen mit Lisa probiert sie einen Bikini nach dem anderen an. Schließlich entscheidet sie sich für einen dunkelblauen Bikini. Lisa nimmt einen gelben Badeanzug. Als sie an der Kasse stehen, fragt Lisa:
„Wo ist denn eigentlich deine Schwester?“

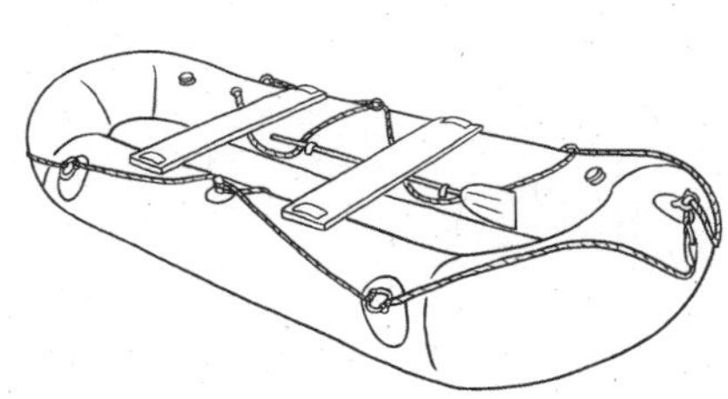

„Keine Ahnung“, gibt Nina zu. „Die hat sich die ganze Zeit dort drüben bei der Schaufenster-Deko rumgetrieben. Bei diesem Gummiboot und dem Liegestuhl.“
„Ich sehe sie gar nicht mehr“, hakt Lisa nach.
Mit ihren neu gekauften Sachen machen sie sich auf die Suche nach Emmi. Doch die scheint spurlos verschwunden zu sein! Am Anfang ist Nina noch genervt. Aber mit der Zeit bekommt sie es mit der Angst zu tun.
„Entschuldigen Sie bitte“, sagt sie zu dem Verkäufer. „Haben Sie vielleicht ein kleines Mädchen mit blonden Haaren gesehen?“
„Mit einem grünen Kleid mit roten Punkten darauf?“, fragt der Mann.
„Ja, genau!“, ruft Nina erleichtert.

„Die ist schon vor einer Weile aus dem Geschäft rausgegangen“, antwortet der Verkäufer. „Sie ist hinter einer Frau hergelaufen. Ich dachte, das sei ihre Mutter.“
Nina wird immer unruhiger und malt sich schon die schlimmsten Dinge aus. Verzweifelt sagt sie zu Lisa: „Was, wenn sie entführt wurde? Ist das nicht vor einiger Zeit bei einem Kind auf dem Schulweg passiert?“
„Nina, beruhige dich“, meint Lisa. „Die Sache ist damals gut ausgegangen. Bestimmt hat Emmi sich gelangweilt und wartet draußen auf uns. Komm, lass uns nachschauen.“
Doch auch draußen ist weit und breit keine Spur von ihr. Sie fragen jede einzelne Person nach Emmi, die ihnen über den Weg läuft. Aber niemand hat sie gesehen. Bis auf eine ältere Frau!
„Ah, das süße kleine Mädchen mit den blonden Haaren“, sagt die ältere Dame. „Die ist mit ihrer Mama in diese Richtung gelaufen.“
Die Frau zeigt in die Richtung, aus der die Mädchen vorhin gekommen sind. Schnell laufen Lisa und Nina los. Zwischendurch rufen sie immer wieder Emmis Namen: „Emmi, Emmiiiiiii!“

„Das ist alles meine Schuld!“, schluchzt Nina. „Hätte ich nur besser aufgepasst! Dann wäre das nicht passiert.“
„Jetzt mach dir keine Vorwürfe. Komm, lass uns lieber weitersuchen“, sagt Lisa. Inzwischen sind sie bei dem Spielwarengeschäft mit den Stofftieren angekommen, an dem sie vorhin schon vorbeigelaufen sind.
„Die Stoffgiraffe ist gar nicht mehr da“, wundert sich Lisa.

In diesem Augenblick entdecken sie Emmi! Sie steht in dem Geschäft und hat das Stofftier auf dem Arm. Nina stürzt in den Laden und ist kurz davor, mit ihrer Schwester zu schimpfen. Aber im gleichen Moment fällt ihr ein riesiger Stein vom Herzen. Ganz fest drückt sie ihre kleine Schwester an sich. So fest, dass diese zu jammern und zappeln beginnt und sich aus der Umarmung befreit.
„Mensch Emmi, was machst du denn für Sachen? Du kannst doch nicht einfach weglaufen! Wir hatten solche Angst um dich!“, meint Nina vorwurfsvoll.

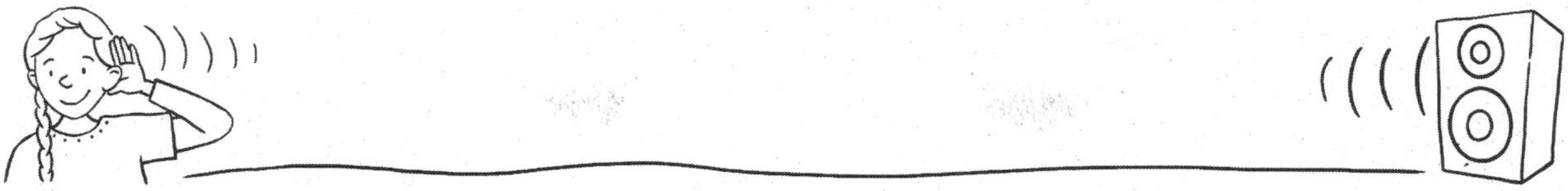

Emmi schaut sie mit großen Augen an. „Aber mir war so langweilig. Ich habe doch in die Kabine reingerufen, dass ich mir die Giraffe noch mal anschauen will.“
„Und was war das für eine Frau bei dir?“, will Lisa wissen.
„Meinst du die, die vor mir aus dem Geschäft gegangen ist? Keine Ahnung, bestimmt hatte die auch Langeweile“, antwortet Emmi und zuckt dabei mit den Schultern.
Nina muss lachen. Sie sieht sich noch mal das Preisschild an dem Kuscheltier an. Dann rechnet sie aus, wie viel von ihrem Taschengeld übriggeblieben ist. Eigentlich sollte sie Emmi ja nicht fürs Weglaufen belohnen. Aber Nina ist so erleichtert und glücklich, dass ihrer Schwester nichts passiert ist, dass sie das Stofftier kurzerhand kauft.
„Juhu! Das ist der schönste Tag in meinem ganzen Leben!“, jubelt Emmi.
„Jetzt übertreib mal nicht!“, grinst Nina.
Lisa beschließt: „Auf den Schreck hin lade ich euch jetzt auf eine Limonade ein.“
„Sag ich doch, der schönste Tag“, wiederholt Emmi fröhlich und Nina drückt dabei dankbar ihre kleine Hand.

Text als Audio →

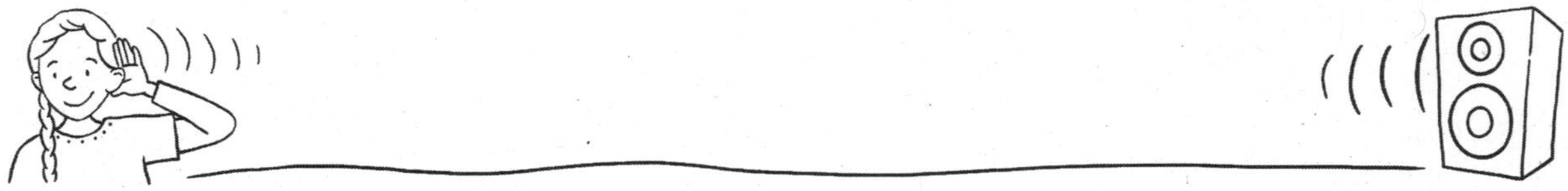

Aufgaben (1)

1. Wer fährt zum Shoppen in die Stadt? Kreuze an.
   - ☐ Lisa, Nina und Ninas Cousine Emmi
   - ☐ Lisa, Nina und Ninas kleine Schwester Emmi
   - ☐ Lisa, Nina und Lisas kleine Schwester Emmi

2. Welches Stofftier bewundert Emmi in einem Schaufenster? Kreise ein.

3. Wie viel Geld hat Nina von ihrer Mutter für Emmi mitbekommen? Kreise ein.

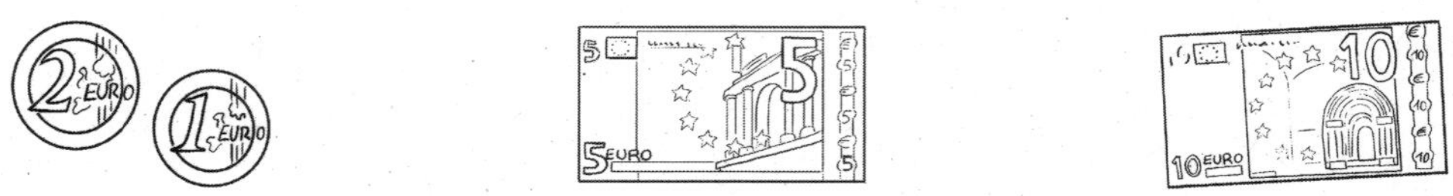

4. Nina kauft sich einen Bikini, Lisa einen Badeanzug. Male beides richtig an.

5. Welche Deko steht in dem Schaufenster von Ninas Lieblingsladen? Kreuze an.
   - ☐ ein Gummiboot und ein Gartenstuhl
   - ☐ ein Liegestuhl und ein Sonnenschirm
   - ☐ ein Gummiboot und ein Liegestuhl

6. Wie sieht Emmi aus? Kreuze an.
   - ☐ Sie hat blonde Haare und trägt ein grünes Oberteil mit gelben Punkten.
   - ☐ Sie hat braune Haare und trägt ein rotes Kleid mit grünen Sternen.
   - ☐ Sie hat blonde Haare und trägt ein grünes Kleid mit roten Punkten.

Aufgaben (2)

7. Wer sagt was? Verbinde.

„Das ist doch kein Problem. Ich finde Emmi süß.“
„Das komische Ding ist viel zu teuer.“
„Die ist schon vor einer Weile aus dem Geschäft rausgegangen.“
„Ah, das süße kleine Mädchen mit den blonden Haaren. Die ist mit ihrer Mama in diese Richtung gelaufen.“
„Das ist alles meine Schuld!“
„Jetzt mach dir keine Vorwürfe. Komm, lass uns lieber weitersuchen.“
„Das ist der schönste Tag in meinem ganzen Leben!“

Lisa

Nina

Emmi

Verkäufer

alte Dame

8. Richtig oder falsch? Kreise den jeweiligen Buchstaben ein.
Du erhältst ein Lösungswort.

	richtig	**falsch**
Es sind Ferien.	B	K
Nina freut sich, dass ihre kleine Schwester mitkommt.	E	I
Der Verkäufer denkt, die Frau bei Emmi ist ihre Mutter.	K	U
Nina ist verzweifelt und macht sich große Vorwürfe.	I	O
Lisa kauft Emmi schließlich das Kuscheltier.	S	N
Lisa lädt am Ende alle auf ein Eis ein.	K	I

Lösungswort:

Aufgaben (1)

1. Warum muss Nina auf Emmi aufpassen? Schreibe auf.

   ____

2. Welche Adjektive passen zu welcher Figur? Schreibe sie neben die Figur.
   Ein Adjektiv passt für zwei Kinder.

   genervt · unaufmerksam · vernünftig · gelangweilt · hilfsbereit · ängstlich · quengelig · verzweifelt · großzügig

	Lisa	
	Nina	
	Emmi	

3. Was bewundert Emmi in einem Schaufenster? Schreibe auf.

   ____

4. Was kaufen Nina und Lisa? Schreibe auf und male.

Nina kauft einen ________________ ________________.	Lisa kauft einen ________________ ________________.

Aufgaben (2)

5. Wer sagt das? Trage die richtigen Namen ein.

- „Das ist doch kein Problem", meint ______________. „Ich finde Emmi süß."
- „Nein!", raunt __________________. „Das komische Ding ist viel zu teuer."
- „Die ist schon vor einer Weile aus dem Geschäft rausgegangen", antwortet ______________________________.
- „Ah, das süße kleine Mädchen mit den blonden Haaren", sagt ______________________________. „Die ist mit ihrer Mama in diese Richtung gelaufen."
- „Das ist alles meine Schuld!", schluchzt __________________.
- „Jetzt mach dir keine Vorwürfe. Komm, lass uns lieber weitersuchen", sagt __________________.
- „Das ist der schönste Tag in meinem ganzen Leben!", jubelt ______________.

6. Welche Dekoration steht in dem Schaufenster von Ninas Lieblingsladen? Schreibe auf.

____

7. Wie sieht Emmi aus? Trage die fehlenden Wörter in die Lücken.

Emmi hat __________________ Haare. Sie trägt ein _______________ Kleid mit __________________________________ darauf.

8. Vervollständige den Satz.

Nina und Lisa sind sehr froh, dass sie Emmi wiedergefunden haben.

Aus diesem Grund ____

____.

Lösungen Aufgaben (1)

1. Wer fährt zum Shoppen in die Stadt? Kreuze an.
   - ☐ Lisa, Nina und Ninas Cousine Emmi
   - ☒ Lisa, Nina und Ninas kleine Schwester Emmi
   - ☐ Lisa, Nina und Lisas kleine Schwester Emmi

2. Welches Stofftier bewundert Emmi in einem Schaufenster? Kreise ein.

3. Wie viel Geld hat Nina von ihrer Mutter für Emmi mitbekommen? Kreise ein.

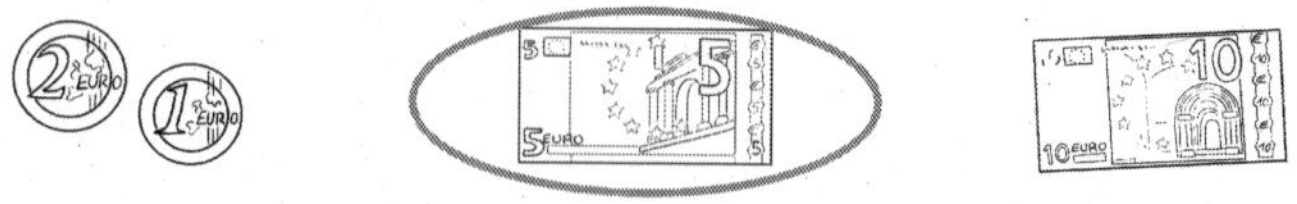

4. Nina kauft sich einen Bikini, Lisa einen Badeanzug. Male beides richtig an.

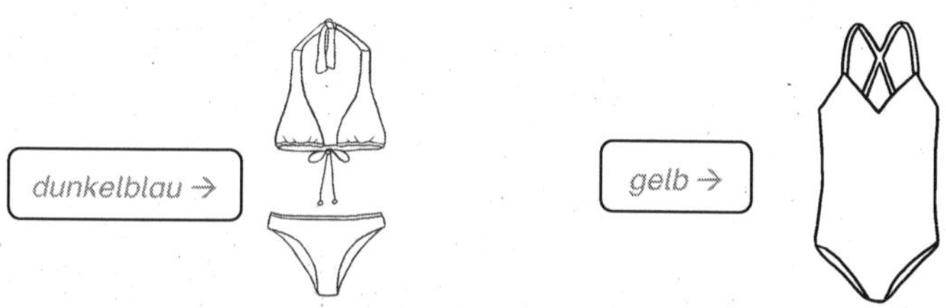

5. Welche Deko steht in dem Schaufenster von Ninas Lieblingsladen? Kreuze an.
   - ☐ ein Gummiboot und ein Gartenstuhl
   - ☐ ein Liegestuhl und ein Sonnenschirm
   - ☒ ein Gummiboot und ein Liegestuhl

6. Wie sieht Emmi aus? Kreuze an.
   - ☐ Sie hat blonde Haare und trägt ein grünes Oberteil mit gelben Punkten.
   - ☐ Sie hat braune Haare und trägt ein rotes Kleid mit grünen Sternen.
   - ☒ Sie hat blonde Haare und trägt ein grünes Kleid mit roten Punkten.

Lösungen Aufgaben (2)

7. Wer sagt was? Verbinde.

„Das ist doch kein Problem. Ich finde Emmi süß."
„Das komische Ding ist viel zu teuer."
„Die ist schon vor einer Weile aus dem Geschäft rausgegangen."
„Ah, das süße kleine Mädchen mit den blonden Haaren. Die ist mit ihrer Mama in diese Richtung gelaufen."
„Das ist alles meine Schuld!"
„Jetzt mach dir keine Vorwürfe. Komm, lass uns lieber weitersuchen."
„Das ist der schönste Tag in meinem ganzen Leben!"

Lisa

Nina

Emmi

Verkäufer

alte Dame

8. Richtig oder falsch? Kreise den jeweiligen Buchstaben ein. Du erhältst ein Lösungswort.

	richtig	falsch
Es sind Ferien.	**B**	K
Nina freut sich, dass ihre kleine Schwester mitkommt.	E	**I**
Der Verkäufer denkt, die Frau bei Emmi ist ihre Mutter.	**K**	U
Nina ist verzweifelt und macht sich große Vorwürfe.	**I**	O
Lisa kauft Emmi schließlich das Kuscheltier.	S	**N**
Lisa lädt am Ende alle auf ein Eis ein.	K	**I**

Lösungswort: *Bikini*

Lösungen Aufgaben (1)

1. Warum muss Nina auf Emmi aufpassen? Schreibe auf.

   Ihre Mama muss heute Nachmittag arbeiten.

2. Welche Adjektive passen zu welcher Figur? Schreibe sie neben die Figur. Ein Adjektiv passt für zwei Kinder.

   genervt · unaufmerksam · vernünftig · gelangweilt · hilfsbereit · ängstlich · quengelig · verzweifelt · großzügig

Lisa	*vernünftig, hilfsbereit, großzügig*
Nina	*genervt, unaufmerksam, ängstlich, verzweifelt, großzügig*
Emmi	*gelangweilt, quengelig*

3. Was bewundert Emmi in einem Schaufenster? Schreibe auf.

   Emmi bewundert eine Stoffgiraffe.

4. Was kaufen Nina und Lisa? Schreibe auf und male.

Nina kauft einen *dunkelblauen* *Bikini*.	Lisa kauft einen *gelben* *Badeanzug*.
dunkelblau → 	gelb → 

Lösungen Aufgaben (2)

5. Wer sagt das? Trage die richtigen Namen ein.

- „Das ist doch kein Problem", meint *Lisa*. „Ich finde Emmi süß."
- „Nein!", raunt *Nina*. „Das komische Ding ist viel zu teuer."
- „Die ist schon vor einer Weile aus dem Geschäft rausgegangen", antwortet *der Verkäufer*.
- „Ah, das süße kleine Mädchen mit den blonden Haaren", sagt *die ältere Dame*. „Die ist mit ihrer Mama in diese Richtung gelaufen."
- „Das ist alles meine Schuld!", schluchzt *Nina*.
- „Jetzt mach dir keine Vorwürfe. Komm, lass uns lieber weitersuchen", sagt *Lisa*.
- „Das ist der schönste Tag in meinem ganzen Leben!", jubelt *Emmi*.

6. Welche Dekoration steht in dem Schaufenster von Ninas Lieblingsladen? Schreibe auf.

   Dort stehen ein Gummiboot und ein Liegestuhl.

7. Wie sieht Emmi aus? Trage die fehlenden Wörter in die Lücken.

   Emmi hat *blonde* Haare. Sie trägt ein *grünes* Kleid mit *roten Punkten* darauf.

8. Vervollständige den Satz.

   Nina und Lisa sind sehr froh, dass sie Emmi wiedergefunden haben.

   Aus diesem Grund *kauft Nina die Stoffgiraffe für Emmi und Lisa lädt alle auf eine Limonade ein*.

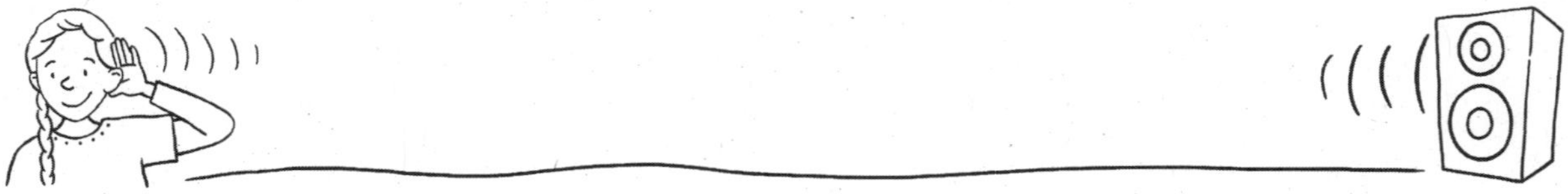

Hinweise für die Lehrkraft

Inhalt der Geschichte

Lisa ärgert sich: Sie hat ihre neuen Fußballschuhe zum Lüften über Nacht auf die Terrasse gestellt und nun ist einer weg! Ob Leon ihr wieder mal einen Streich gespielt hat? Doch der streitet das Ganze ab. Als Lisa erfährt, dass auch ein Gartenschuh ihrer Mutter verschwunden ist und auch Nina zwei Häuser weiter über fehlende Schuhe klagt, beschließen Lisa und Leon, dem Dieb auf die Spur zu kommen. Sie stellen extra viele Schuhe auf die Terrasse und wollen eine Nacht im Garten zelten. Mit Fernglas, Keksen, Getränken und einem Handy „bewaffnet“ warten sie ungeduldig auf die Dunkelheit. Wer ist wohl so dumm, immer nur einen Schuh zu klauen? Diesmal wissen die Zwillinge erst gar nicht, wen sie verdächtigen sollen. Als dann der „Dieb“ auftaucht, müssen die beiden lachen: Eine Fuchsmama mopst die Schuhe und bringt sie ihren Jungen zum Spielen.

Schwierige Wörter

Die Bedeutung folgender Wörter oder Ausdrücke sollte zu Beginn der Stunde geklärt werden:
Schuhe lüften: Schuhe an die frische Luft stellen, sodass der schlechte Geruch „rausgehen“ kann
auf frischer Tat ertappen: jemanden beobachten, wie er gerade etwas Verbotenes macht
Solarlampe: Das ist eine Lampe, die keinen Strom und keine Batterie braucht. Die Lampe nimmt am Tag Energie von der Sonne auf und speichert sie. So kann die Lampe leuchten, wenn es dunkel ist.

Tipps für den Stundenverlauf

Unterbrechen Sie den Hörspieltext bei dem ersten Symbol der Fuchsspuren. Lassen Sie die Schüler*innen Vermutungen anstellen, was mit den Schuhen passiert sein oder wer die Schuhe gestohlen haben könnte.

Pausieren Sie den Hörspieltext bei dem zweiten Spurensymbol erneut. Die Kinder überlegen, um wen es sich bei dem Schatten handeln könnte oder ob sich Leon den Schatten nur eingebildet hat.

Unterbrechen Sie ein letztes Mal bei dem dritten Symbol der Fuchsspuren. Die Schüler*innen sollen Ideen sammeln, was Lisa und Leon zum Lachen gebracht haben könnte.

Der Schuhdieb

Lisa ist heute im Training ganz stolz auf ihre neuen Fußballschuhe. Diese hat sie sich von dem Geld gekauft, das sie zum Geburtstag bekommen hat. Die Schuhe leuchten in einem kräftigen Orange und haben blaue Streifen. Nach dem Fußballspielen stellt Lisa die Schuhe zum Lüften auf die Terrasse. Am nächsten Morgen will sie die Schuhe holen, doch es fehlt einer!
„Das war bestimmt wieder Leon!“, vermutet Lisa.
Lisas Zwillingsbruder denkt sich in letzter Zeit öfter Streiche aus, um seine Schwester zu ärgern.
Wütend ruft Lisa: „Leon! Wo bist du? Gib mir sofort meinen zweiten Schuh zurück!“
Leon steckt seinen Kopf durch die Terrassentür.
„Was für einen Schuh soll ich dir zurückgeben?“, fragt er ahnungslos.
„Jetzt tu nicht so. Das ist nicht lustig, gib ihn wieder her!“, regt sich Lisa auf.
„Mensch, Lisa, ich weiß wirklich nicht, was du von mir willst. Aber falls nur ein Schuh fehlt, ist das seltsam. Mama vermisst seit vorgestern nämlich einen ihrer Gartenschuhe. Der ist auch spurlos verschwunden.“
Lisa überlegt: „Wenn Leon es nicht war, wer dann? Und warum klaut derjenige nur einen einzelnen Schuh?“

Plötzlich klingelt es und Nina steht vor der Tür. Nina ist Lisas beste Freundin und wohnt nur zwei Häuser weiter. Die beiden wollen heute zusammen Eis essen gehen. Auf dem Weg zur Eisdiele erzählt Lisa von dem verschwundenen Schuh.
„Mensch, das ist mir letztens auch passiert!“, ruft Nina. Sie erzählt Lisa, dass vor ein paar Tagen einer ihrer Turnschuhe weggekommen ist.
„Die standen auch hinterm Haus“, meint Nina. „Und mein Vater sucht einen seiner Gummistiefel.“

„Das ist ja wirklich komisch“, sagt Lisa, während sie sich ihr Eis schmecken lässt. „Leon kann es dann wohl wirklich nicht gewesen sein. Der würde vielleicht meinen Schuh verstecken, aber doch nicht eure!“
Noch auf dem Nachhauseweg überlegen sie, wer das mit den Schuhen gewesen sein könnte. Als Lisa daheim ist, macht Leon einen Vorschlag: „Wir stellen heute

Abend ganz viele Schuhe auf die Terrasse und zelten dann im Garten. Einer von uns schläft, der andere hält Wache. Vielleicht können wir so den Dieb auf frischer Tat ertappen."

Das lässt sich Lisa nicht zweimal sagen. Für ein Abenteuer ist sie immer zu haben. Also bauen sie am Nachmittag im Garten das Zelt auf und statten es mit einer großen Luftmatratze, Kissen und Schlafsäcken aus. Als es dunkel wird, stecken sie Kekse, Getränke, ihre Handys und ein Fernglas in einen Rucksack und ziehen sich in das kuschelige Zelt zurück. Aber an Schlaf ist im Moment nicht zu denken, so aufgeregt sind sie beide. Doch als nach zwei Stunden immer noch nichts passiert ist, werden die Geschwister langsam müde. Kurz vor Mitternacht fallen Lisa die Augen zu. Auch Leon kann sich kaum noch konzentrieren. Bestimmt schon hundertmal hat er mit dem Fernglas in Richtung Terrasse geschaut und nichts gesehen. Gelangweilt greift er wieder danach und guckt. Kurz vor der Dämmerung hat er extra die Solarlampe aus dem Vorgarten auf die Terrasse gestellt. Die macht zwar nicht sehr hell, aber es reicht, um ein bisschen was zu erkennen. Da – war das nicht ein Schatten? Leons Herz schlägt plötzlich ganz schnell. Ob er Lisa wecken soll? Vorsichtig schüttelt er sie ein bisschen, ohne mit der anderen Hand das Fernglas loszulassen.

Lisa ist inzwischen aufgewacht und Leon gibt ihr sein Fernglas. „Das gibt es doch nicht!", flüstert sie und kichert. Währenddessen nimmt Leon schnell sein Handy. Er hofft, dass er ein gutes Foto von dem Dieb machen kann. Dieser hat sich tatsächlich einen Schuh geschnappt und kommt nun auf sie zu. Seine Augen leuchten in der Dunkelheit. Schnell macht Leon ganz viele Fotos. Als der Dieb verschwunden ist, lachen sie beide laut und können gar nicht mehr aufhören.

Am nächsten Morgen laufen sie schnell rüber ins Haus und wecken ihre Eltern.
„Schaut mal“, sagt Leon und zeigt stolz die Fotos auf dem Handy. „Der Dieb war ein Fuchs!“
„Wahrscheinlich eine Fuchsmama“, ergänzt Lisa. „Das habe ich heute Nacht im Internet recherchiert. Junge Füchse lieben es, mit Schuhen zu spielen. Manchmal klauen dann Füchsinnen Schuhe und bringen sie ihren Welpen zum Spielen mit!“
„Wenn wir den Fuchsbau finden, kannst du dir deinen neuen tollen Schuh ja wieder zurückklauen“, lacht Leon.
„Iiih, nein danke“, sagt Lisa. „Der ist dann bestimmt ganz angenagt und versabbert. Lieber spare ich noch mal für neue Schuhe und passe dann besser auf.“

Text als Audio →

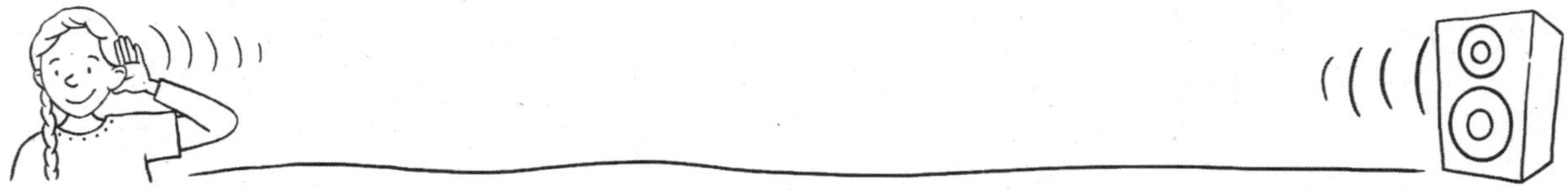

Aufgaben (1)

1. Welche Farbe haben Lisas neue Fußballschuhe? Male an.

2. Weswegen verdächtigt Lisa ihren Bruder Leon? Kreuze an.
   - ☐ Sie denkt, dass er ihr neues Paar Fußballschuhe versteckt hat.
   - ☐ Sie denkt, dass er einen ihrer Fußballschuhe versteckt hat.
   - ☐ Sie denkt, dass er ihren Geldbeutel versteckt hat.

3. Welche Personen in der Geschichte vermissen einen ihrer Schuhe? Kreise ein.

 Lisa	 Leon	 Lisas Mutter
 Nina	 Ninas Vater	 Ninas Mutter

4. Was machen Lisa und ihre Freundin Nina? Kreuze an.
   - ☐ Sie gehen zusammen ins Schwimmbad.
   - ☐ Sie gehen zusammen ein Eis essen.
   - ☐ Sie gehen zusammen ins Kino.

5. Was schlägt Leon seiner Schwester vor? Kreuze an.
   - ☐ Leon will im Garten zelten und dem Dieb eine Falle stellen.
   - ☐ Leon will im Gartenhäuschen übernachten und dem Dieb eine Falle stellen.
   - ☐ Leon will nachts auf der Terrasse eine Überwachungskamera aufstellen.

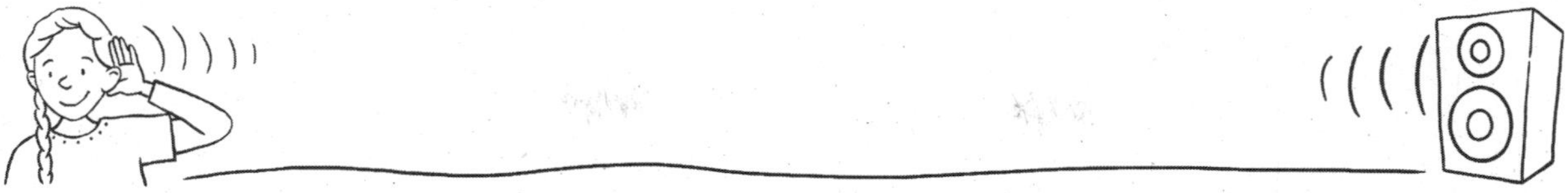

Aufgaben (2)

6. Was packen Lisa und Leon für ihr Abenteuer in den Rucksack? Kreise ein.

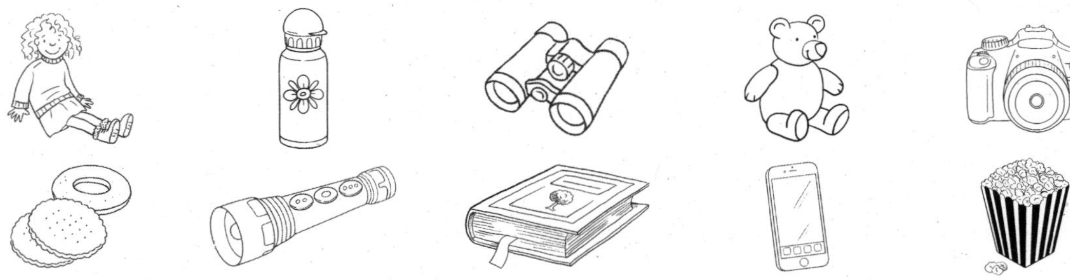

7. Was stimmt? Kreuze an.

- ☐ Lisa schläft kurz vor Mitternacht ein. (W)
- ☐ Leon hat zuvor die Solarlampe auf die Terrasse gestellt. (e)
- ☐ Leon sieht im Garten einen Fuchs, der ein Loch gräbt. (a)
- ☐ Lisa wacht durch ein lautes Geräusch auf. (u)
- ☐ Leon fotografiert den Fuchs. (l)
- ☐ Die Augen des Diebs leuchten in der Dunkelheit. (p)
- ☐ Sie erzählen am nächsten Morgen gleich ihren Eltern davon. (e)
- ☐ Lisa hat im Internet herausgefunden, dass Füchsinnen öfter mal Schuhe klauen, um die männlichen Füchse zu beeindrucken. (i)
- ☐ Lisa will den Fuchsbau finden und ihren Schuh zurückholen. (t)
- ☐ Lisa beschließt, für neue Fußballschuhe zu sparen und nächstes Mal besser auf die Schuhe aufzupassen. (n)

8. Die Buchstaben hinter den richtigen Sätzen von Aufgabe 7 ergeben ein Lösungswort:

9. Welche Rolle spielt das Lösungswort in der Geschichte? Schreibe auf.

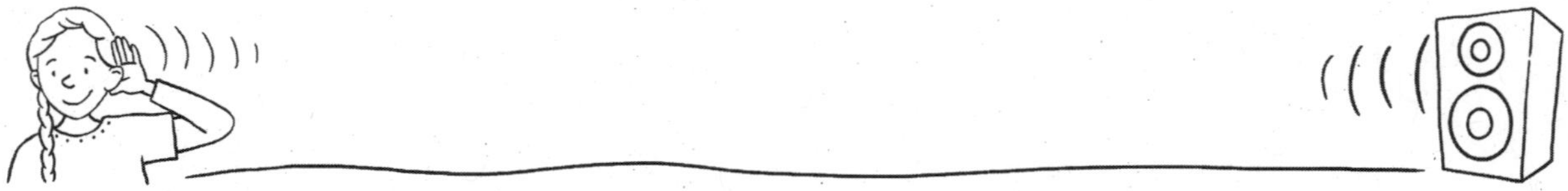

Aufgaben (1)

1. Welche Person vermisst welchen Schuh? Vervollständige die Tabelle.

	Name	Art des Schuhs
	Lisa	

2. Was macht Lisa zusammen mit ihrer Freundin Nina? Schreibe auf.

____

3. Welchen Vorschlag macht Leon? Schreibe auf.

____

____

____

____

4. Was sieht Leon durch sein Fernglas? Schreibe auf.

____

____

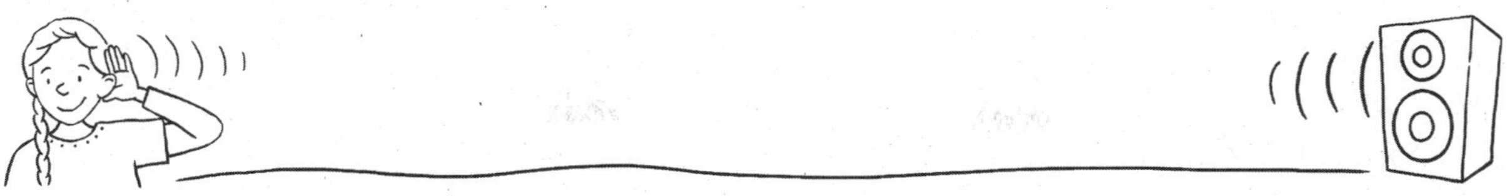

Aufgaben (2)

5. In die Sätze aus der Geschichte haben sich Fehler eingeschlichen.
   Hör noch mal genau hin. Streiche die falschen Wörter durch und schreibe die richtigen darüber.

Nach dem Fußballspielen stellt Lisa die Schuhe zum Lüften in den Garten.

Plötzlich klingelt es und Paul steht vor der Tür.

Doch als nach zwei Stunden immer noch nichts passiert ist, werden die Geschwister langsam wütend.

Schnell macht Lisa ganz viele Fotos.

„Schaut mal“, sagt Leon und zeigt stolz die Fotos auf dem Fotoapparat.

6. Was hat Lisa im Internet herausgefunden? Schreibe auf.

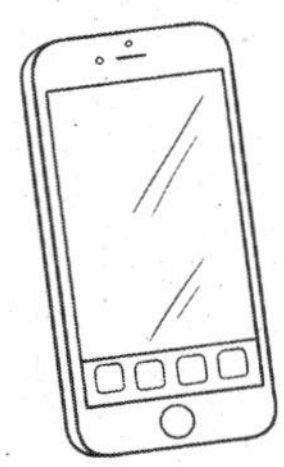

7. Was könnte die Füchsin denken, als sie auf der Terrasse die Schuhe entdeckt und einen davon mitnimmt? Schreibe auf.

Lösungen Aufgaben (1)

1. Welche Farbe haben Lisas neue Fußballschuhe? Male an.

orange mit blauen Streifen →

2. Weswegen verdächtigt Lisa ihren Bruder Leon? Kreuze an.
   - ☐ Sie denkt, dass er ihr neues Paar Fußballschuhe versteckt hat.
   - ☒ Sie denkt, dass er einen ihrer Fußballschuhe versteckt hat.
   - ☐ Sie denkt, dass er ihren Geldbeutel versteckt hat.

3. Welche Personen in der Geschichte vermissen einen ihrer Schuhe? Kreise ein.

Lisa (eingekreist)	Leon	Lisas Mutter (eingekreist)
Nina (eingekreist)	Ninas Vater (eingekreist)	Ninas Mutter

4. Was machen Lisa und ihre Freundin Nina? Kreuze an.
   - ☐ Sie gehen zusammen ins Schwimmbad.
   - ☒ Sie gehen zusammen ein Eis essen.
   - ☐ Sie gehen zusammen ins Kino.

5. Was schlägt Leon seiner Schwester vor? Kreuze an.
   - ☒ Leon will im Garten zelten und dem Dieb eine Falle stellen.
   - ☐ Leon will im Gartenhäuschen übernachten und dem Dieb eine Falle stellen.
   - ☐ Leon will nachts auf der Terrasse eine Überwachungskamera aufstellen.

Lösungen Aufgaben (2)

6. Was packen Lisa und Leon für ihr Abenteuer in den Rucksack? Kreise ein.

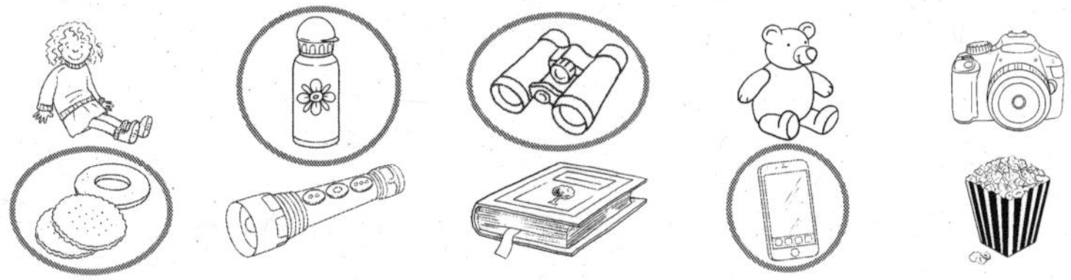

7. Was stimmt? Kreuze an.
   - ☒ Lisa schläft kurz vor Mitternacht ein. (W)
   - ☒ Leon hat zuvor die Solarlampe auf die Terrasse gestellt. (e)
   - ☐ Leon sieht im Garten einen Fuchs, der ein Loch gräbt. (a)
   - ☐ Lisa wacht durch ein lautes Geräusch auf. (u)
   - ☒ Leon fotografiert den Fuchs. (l)
   - ☒ Die Augen des Diebs leuchten in der Dunkelheit. (p)
   - ☒ Sie erzählen am nächsten Morgen gleich ihren Eltern davon. (e)
   - ☐ Lisa hat im Internet herausgefunden, dass Füchsinnen öfter mal Schuhe klauen, um die männlichen Füchse zu beeindrucken. (i)
   - ☐ Lisa will den Fuchsbau finden und ihren Schuh zurückholen. (t)
   - ☒ Lisa beschließt, für neue Fußballschuhe zu sparen und nächstes Mal besser auf die Schuhe aufzupassen. (n)

8. Die Buchstaben hinter den richtigen Sätzen von Aufgabe 7 ergeben ein Lösungswort: *Welpen*

9. Welche Rolle spielt das Lösungswort in der Geschichte? Schreibe auf.

Fuchswelpen spielen gerne mit Schuhen. Aus diesem Grund stiehlt die Füchsin vermutlich die Schuhe, um sie ihren Welpen zum Spielen zu bringen.

Lösungen Aufgaben (1)

1. Welche Person vermisst welchen Schuh? Vervollständige die Tabelle.

Name	Art des Schuhs
Lisa	*Fußballschuh*
Nina	*Turnschuh*
Lisas Mutter	*Gartenschuh*
Ninas Vater	*Gummistiefel*

2. Was macht Lisa zusammen mit ihrer Freundin Nina? Schreibe auf.

Sie gehen zusammen ein Eis essen.

3. Welchen Vorschlag macht Leon? Schreibe auf.

Leon will ganz viele Schuhe auf die Terrasse stellen und zusammen mit Lisa im Garten zelten. Damit will er den Dieb auf frischer Tat ertappen.

4. Was sieht Leon durch sein Fernglas? Schreibe auf.

Leon sieht eine Füchsin, die einen Schuh von der Terrasse stiehlt.

Lösungen Aufgaben (2)

5. In die Sätze aus der Geschichte haben sich Fehler eingeschlichen. Hör noch mal genau hin. Streiche die falschen Wörter durch und schreibe die richtigen darüber.

Nach dem Fußballspielen stellt Lisa die Schuhe zum Lüften ~~in den Garten~~ *auf die Terrasse*.

Plötzlich klingelt es und ~~Paul~~ *Nina* steht vor der Tür.

Doch als nach zwei Stunden immer noch nichts passiert ist, werden die Geschwister langsam ~~wütend~~ *müde*.

Schnell macht ~~Lisa~~ *Leon* ganz viele Fotos.

„Schaut mal", sagt Leon und zeigt stolz die Fotos auf dem ~~Fotoapparat~~ *Handy*.

6. Was hat Lisa im Internet herausgefunden? Schreibe auf.

Lisa hat herausgefunden, dass Füchsinnen manchmal Schuhe klauen und ihren Welpen zum Spielen mitbringen.

7. Was könnte die Füchsin denken, als sie auf der Terrasse die Schuhe entdeckt und einen davon mitnimmt? Schreibe auf.

Beispiel: Hoffentlich sieht mich niemand! Schnell weg hier! Ich muss zurück zu meinen Welpen!

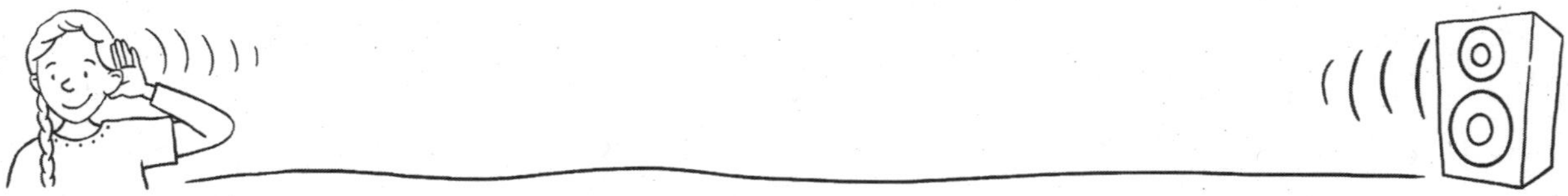

Hinweise für die Lehrkraft

Inhalt der Geschichte

Lisa und Leon dürfen zusammen mit ihrer Tante Maren und ihrem Cousin Nils eine Nacht auf Burg Nebelmond verbringen. Lisa ist so begeistert von der Burg und ihrer Geschichte, dass sie vor Aufregung nicht einschlafen kann. Sie nimmt ihre Taschenlampe und unternimmt einen Streifzug durch die Burg. Da hört sie so schauerliche Geräusche, dass sie es mit der Angst zu tun bekommt. Inzwischen sind auch ihr Bruder Leon und Cousin Nils mit von der Partie und alle drei fürchten sich vor den gruseligen Lauten. Zum Glück ist ihre Tante Maren da, die bemerkt hat, dass die Kinder nicht mehr in ihren Betten liegen. Sie klärt die drei auf, dass es sich bei dem fürchterlichen Geheule nur um einen liebestollen Dachs handelt. Beruhigt gehen die Kinder wieder schlafen.

Schwierige Wörter

Die Bedeutung folgender Wörter oder Ausdrücke sollte zu Beginn der Stunde geklärt werden:
Raubritter: Adelige aus dem Ritterstand, die von Rauben und Plünderungen lebten
Burgführer: Person, die Besucher durch die Burg führt und Informationen über die Burg gibt
etwas im Scherz sagen: etwas sagen, das man nicht ernst meint
schaurig / schauerlich: gruselig, unheimlich
zischen: fauchen, genervt sagen
Verlegenheit: Gefühl, wenn jemandem etwas peinlich oder unangenehm ist

Die folgenden Wörter sollten Sie am besten erst erklären, wenn Sie im Hörtext vorkamen. Ansonsten könnten die Wörter die Lernenden schon auf die richtige Fährte bringen.
Paarungszeit: Zeit, in der sich Tiere fortpflanzen
Brautschau: Suche nach einer Partnerin

Tipps für den Stundenverlauf

Unterbrechen Sie den Hörspieltext bei dem ersten Mondsymbol. Lassen Sie die Schüler*innen Vermutungen anstellen, was es mit den Geräuschen auf sich haben könnte: Ist es der Geist des Burgfräuleins Walburga, der herumspukt? Oder ist es Nils, der die Zwillinge erschrecken will? Oder ist es doch ein Einbrecher, der jemanden überfallen hat?

Pausieren Sie den Hörspieltext bei dem zweiten Mondsymbol erneut. Die Kinder überlegen, um wen es sich bei der sich nähernden Gestalt mit der Taschenlampe handeln könnte.

Weiterführende Unterrichtsideen

Querverbindung zum Sachunterricht:
Die Schüler*innen befassen sich mit Burgen in ihrer näheren Umgebung. Dies kann im Rahmen eines eigenständigen Rechercheauftrags oder aber im Rahmen des Sachunterrichts zum Thema „Ritter und Burgen“ bzw. „Leben im Mittelalter“ stattfinden.

Bei der Geschichte dient die rheinland-pfälzische **Burg Berwartstein** als Vorlage/Vorbild. Auf der Burg werden interessante Führungen angeboten und man kann dort übernachten. Den Raubritter Hans Trapp soll es wirklich gegeben haben und auch die Legende vom Burgfräulein Barbara, die als „weiße Frau“ immer noch in der Burg herumspuken soll, ist überliefert.

Das Geheimnis der Burg

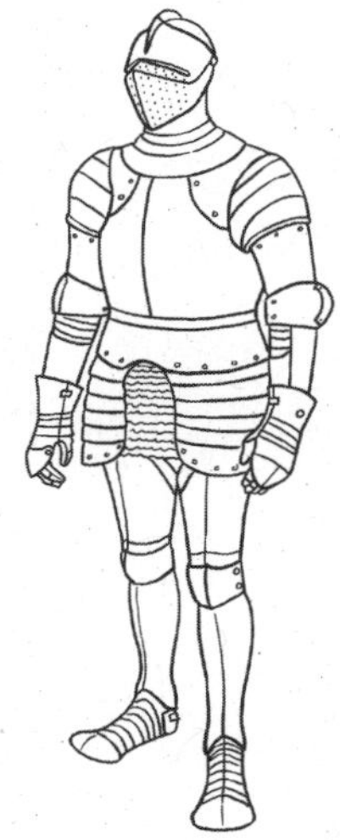

Lisa und Leon freuen sich. Die Zwillinge dürfen an diesem Wochenende mit Tante Maren auf einer echten Burg übernachten, der Burg Nebelmond. Auch ihr Cousin Nils ist mit dabei. Als sie am Nachmittag ankommen, erwartet die vier gleich eine spannende Burgführung. Dabei erfahren sie einiges über die Geschichte der Burg. Zum Beispiel von dem schlimmen Raubritter Karl Grimmzahn, der hier die ganze Gegend unsicher gemacht hat. Auch vom Burgfräulein Walburga hören sie. Sie ist zwar bei einem schlimmen Brand ums Leben gekommen, aber ihr Geist soll noch immer in der Burg herumspuken. Zum Schluss zeigt der Burgführer den Besuchern sogar echte Ritterrüstungen, die in der Burg ausgestellt sind.

„Was für ein Quatsch“, sagt Nils beim Abendessen. „Als würde dort wirklich ein Geist herumspuken! Wer glaubt denn sowas?!“

Nils ist zwei Jahre älter als die Zwillinge und fühlt sich immer besonders cool. Lisa hingegen findet das alles total spannend. So spannend, dass sie in der Nacht nicht schlafen kann. Sie denkt an den tiefen Brunnen, aus dem die Menschen früher ihr Wasser gezogen haben. Über 100 Meter tief soll er sein. Und an den schlimmen Brand, der so viel zerstört hat. Und an das arme Burgfräulein, das dabei gestorben ist. Lisa schnappt sich ihre Taschenlampe und steigt aus dem Bett. Da an Schlaf ja sowieso nicht zu denken ist, begibt sie sich neugierig allein auf eine nächtliche Erkundungstour.

Leise schleicht sie den kalten, unheimlichen Gang entlang und ihr Herz schlägt dabei wie wild.

„Huhuuu“, flüstert da eine Stimme im Dunkeln.

„Aaaaaah!“, schreit Lisa panisch, bevor sie erkennt, dass es nur ihr Bruder ist.

„Mensch, Leon, hast du mich erschreckt! Kannst du auch nicht schlafen?“

„Nein, nicht wirklich. Außerdem nervt mich Nils, er findet das alles hier ziemlich kindisch.“

Gemeinsam ziehen sie weiter.

Plötzlich hören sie von draußen unheimliche Geräusche.

„Was ist denn das?“, fragt Lisa ängstlich. „Weint da ein Kind?“

„Keine Ahnung“, antwortet Leon. „Komm, lass uns wieder zurück in unsere Zimmer gehen.“

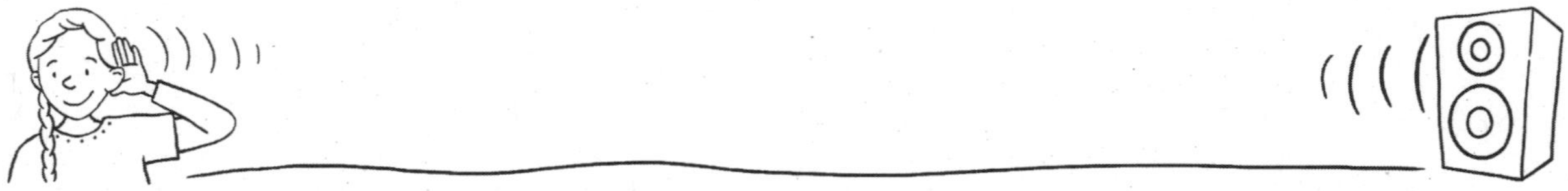

„Hör doch! Das wird immer lauter. Nicht, dass das Burgfräulein tatsächlich hier herumspukt?“, sagt Lisa halb im Scherz und lacht. Doch so ganz wohl ist ihr bei der Sache nicht.
„Ich könnte mir eher vorstellen, dass Nils uns Angst einjagen will“, meint Leon. „Bestimmt ist er mir gefolgt und versteckt sich hier irgendwo.“
Das schaurige Heulen ist immer noch zu hören.
„Vielleicht ist jemand überfallen worden und in Gefahr?“, vermutet Lisa. „Lass uns lieber Tante Maren wecken, das klingt ja wirklich furchtbar.“
„Ach was, ich wette mit dir, das ist Nils. Gleich kommt er um die Ecke und lacht sich über uns kaputt.“
Die beiden schleichen wieder zurück in Richtung ihrer Zimmer. Da hören sie ein lautes Scheppern ganz in der Nähe.
Erschrocken greift Lisa nach Leons Hand. Dieser flüstert: „Mach die Taschenlampe aus.“ Lisa tut, was er sagt. Zitternd bleiben die beiden stehen und lauschen in die Dunkelheit hinein.

Da spürt Lisa, dass jemand ihren Arm berührt. Jemand anderes als Leon.
Laut schreit sie auf, aber der andere schreit sogar noch lauter. Schnell schaltet sie ihre Taschenlampe wieder an und leuchtet – mitten ins Gesicht von ihrem Cousin!
„Nils! Dachte ich es mir doch“, zischt Leon genervt. „Du wolltest dir wohl einen Spaß erlauben und uns Angst einjagen."
In diesem Moment ertönt wieder das schauerliche Heulen von draußen.
„N… nein, ich bin von diesem Geheule aufgewacht und war plötzlich ganz allein im Zimmer, da wollte ich dich suchen gehen. Auf dem Weg bin ich jetzt auch noch gegen diesen Schrank da hinten gelaufen, weil es hier so stockfinster ist“, erklärt Nils.
„Ach, das war das Scheppern“, sagt Leon.
„Pscht, ich höre Schritte“, murmelt Lisa.
Von Weitem sehen sie den Schein einer Taschenlampe. Er kommt immer näher und näher.

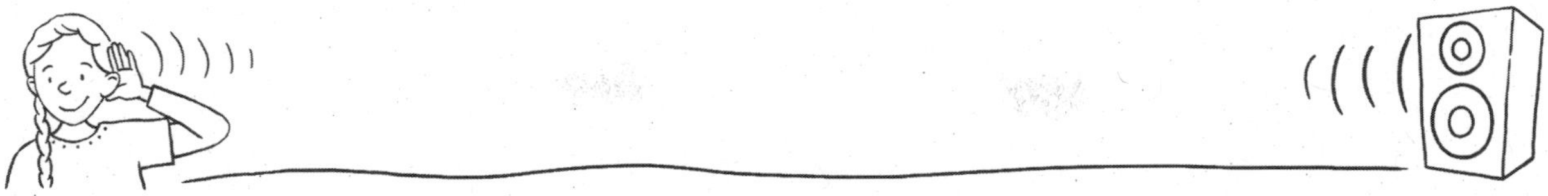

„Sagt mal, was treibt ihr denn hier?“, hören sie Tante Maren sagen, die plötzlich vor ihnen steht. Lisa atmet auf.

„Tante Maren, nimm bitte deine Taschenlampe etwas weiter runter. Du blendest mich“, sagt sie und lacht erleichtert. In diesem Augenblick hört man wieder das seltsame Geräusch.

„Ihr seid wohl auch von dem verliebten Dachs geweckt worden?“, will die Tante wissen.

„Ein Dachs?!“, rufen die drei Kinder.

Tante Maren lächelt. „Ja, ich habe das mal in einer Tierdokumentation gesehen und gehört. Manche Tiere geben in der Paarungszeit ganz schauerliche Geräusche von sich. Katzen und Hirsche zum Beispiel. Oder eben Dachse.“

„Das gibt es doch nicht! Ich dachte schon, es wäre der Geist des Burgfräuleins gewesen!“, gibt Nils zu.

„Ach echt? Ich dachte, du hältst diese Geschichte für totalen Quatsch?“, fragt Leon spöttisch. Lisa und Leon können sich ihr Grinsen nicht verkneifen und Nils wird vor Verlegenheit ganz rot.

„Ich bin jedenfalls froh, dass das nun geklärt ist“, sagt Lisa und gähnt.

So langsam ist sie wirklich hundemüde. Beruhigt gehen die Kinder zurück in ihr Zimmer. Lisa schläft sofort ein und träumt von wilden Rittern, dem Burgfräulein Walburga und einem Dachs, der auf Brautschau geht.

Text als Audio →

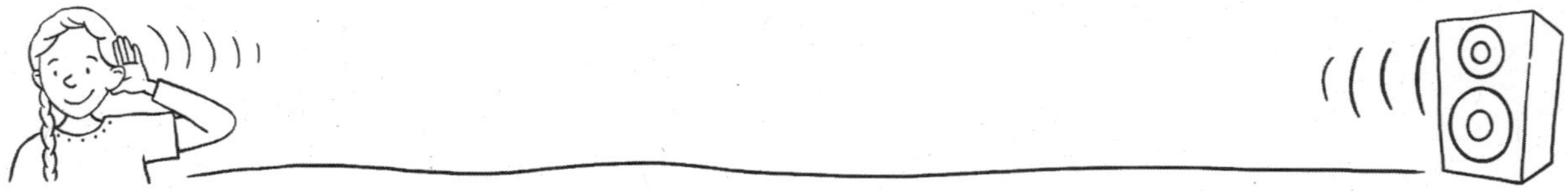

Aufgaben (1)

1. Wie heißt die Burg aus der Geschichte? Kreuze an.
   - ▢ Burg Schattenfels (S)
   - ▢ Burg Nebelstein (G)
   - ▢ Burg Nebelmond (D)

2. Welche Personen spielen in der Geschichte mit? Kreuze an.
   - ▢ Lisa, Leon, Paul und Tante Maren (i)
   - ▢ Lisa, Leon, Nils und Tante Maren (a)
   - ▢ Lisa, Leon, Nils und Lisas Mutter (e)

3. Was erfährst du über die Burg? Kreuze die richtigen Antworten an.
   - ▢ Hier wohnte einst der Ritter Franz von Sickingen. (n)
   - ▢ Hier sorgte einst der Raubritter Karl Grimmzahn für Angst und Schrecken. (c)
   - ▢ Die Burg ist inzwischen eine Ruine. (l)
   - ▢ Das Burgfräulein Walburga kam bei einem Brand ums Leben. (h)
   - ▢ Es gibt dort einen Brunnen, der über 100 Meter tief ist. (s)
   - ▢ Der Geist des Raubritters Karl Grimmzahn soll immer noch in der Burg herumspuken. (o)

4. Die Buchstaben hinter den richtigen Antworten von Aufgabe 1–3 ergeben ein Lösungswort:

5. Welche Rolle spielt das Lösungswort in der Geschichte? Schreibe auf.

____

6. In welcher Reihenfolge trifft Lisa bei ihrem Rundgang die Figuren? Nummeriere.

 Nils	 Tante Maren	 Leon

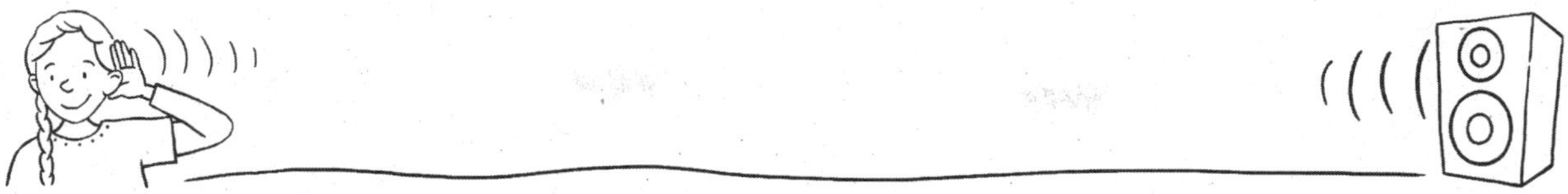

Aufgaben (2)

7. Gegen was stößt Nils, als er durch den Gang der Burg läuft? Male an.

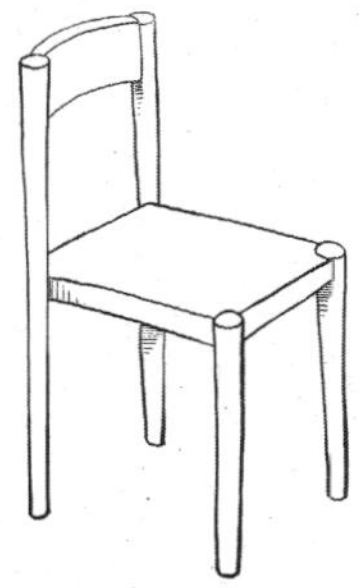
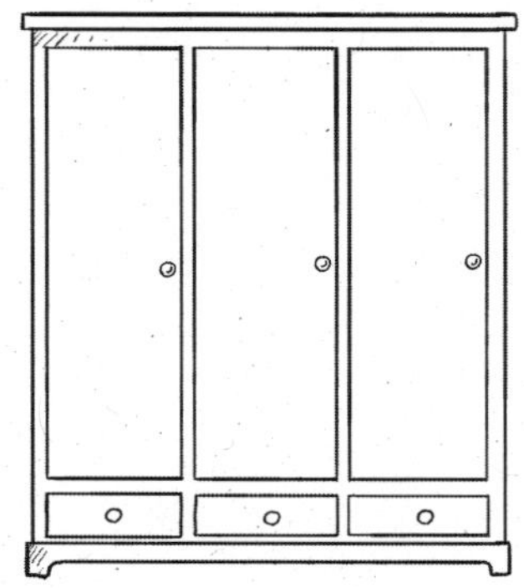

8. Welche Tiere können laut Tante Maren noch unheimliche Geräusche während der Paarungszeit machen? Kreise ein.

9. Fülle den Lückentext aus.

__________________ glaubt, dass die unheimlichen Geräusche von einem weinenden Kind stammen oder von dem ______________________, das als Geist noch immer in der Burg herumspukt. __________________ vermutet, dass Nils dahintersteckt. __________________ erklärt den Kindern jedoch, dass die Geräusche von Tieren kommen.

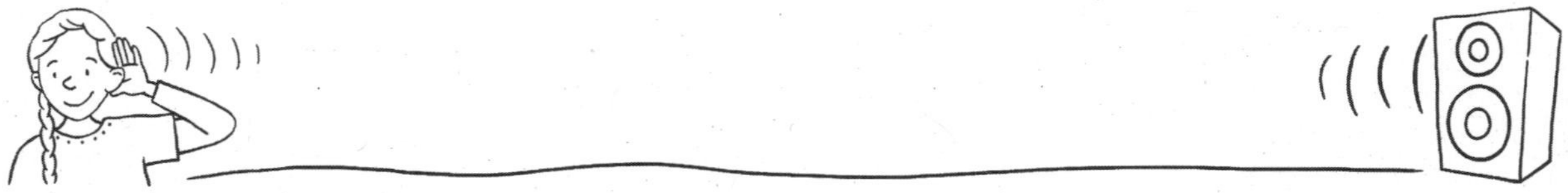

Aufgaben (1)

1. Wie heißt die Burg? Schreibe es daneben.

____

2. Schreibe drei Dinge auf, die du über die Geschichte der Burg erfährst.
   Die Bilder helfen dir dabei.

____

____

____

____

____

____

____

____

____

3. Was erfährst du über Nils? Fülle die Lücken aus.

Nils ist der ________________ von Lisa und Le[illegible]. Er ist ______________

Jahre älter als die Zwillinge. Er fühlt sich selbst se[illegible] ________________.

Aufgaben (2)

4. Richtig oder falsch? Kreise den jeweiligen Buchstaben ein. Du erhältst ein Lösungswort.

	richtig	falsch
Nils sagt beim Abendessen, dass die Geschichte über das spukende Burgfräulein Quatsch sei.	P	K
Lisa hat beim Rundgang durch die Burg eine Laterne dabei.	E	A
Zuerst stößt Lisa bei ihrem Rundgang auf Leon.	A	U
Lisa glaubt, dass die Geräusche von Nils kommen und dieser ihnen einen Streich spielen will.	S	R
Nils stößt sich an einer Ritterrüstung, die im Gang der Burg steht. Dabei ertönt ein lautes Scheppern.	A	U
Tante Maren hat von dem Burgführer erfahren, dass es sich bei den Geräuschen um einen Dachs handelt.	S	N
Nils hat in Wirklichkeit Angst gehabt, dass es sich bei den Geräuschen um den Geist des Burgfräuleins handelt.	G	T

Lösungswort: ____________

5. Welche Rolle spielt das Lösungswort für die Geschichte? Schreibe auf.

____

____

____

6. Welche Tiere können laut Tante Maren noch unheimliche Geräusche während der Paarungszeit machen? Schreibe auf.

____

____

Lösungen Aufgaben (1)

1. Wie heißt die Burg aus der Geschichte? Kreuze an.
   - ☐ Burg Schattenfels (S)
   - ☐ Burg Nebelstein (G)
   - ☒ Burg Nebelmond (D)

2. Welche Personen spielen in der Geschichte mit? Kreuze an.
   - ☐ Lisa, Leon, Paul und Tante Maren (i)
   - ☒ Lisa, Leon, Nils und Tante Maren (a)
   - ☐ Lisa, Leon, Nils und Lisas Mutter (e)

3. Was erfährst du über die Burg? Kreuze die richtigen Antworten an.
   - ☐ Hier wohnte einst der Ritter Franz von Sickingen. (n)
   - ☒ Hier sorgte einst der Raubritter Karl Grimmzahn für Angst und Schrecken. (c)
   - ☐ Die Burg ist inzwischen eine Ruine. (l)
   - ☒ Das Burgfräulein Walburga kam bei einem Brand ums Leben. (h)
   - ☒ Es gibt dort einen Brunnen, der über 100 Meter tief ist. (s)
   - ☐ Der Geist des Raubritters Karl Grimmzahn soll immer noch in der Burg herumspuken. (o)

4. Die Buchstaben hinter den richtigen Antworten von Aufgabe 1-3 ergeben ein Lösungswort: *Dachs*

5. Welche Rolle spielt das Lösungswort in der Geschichte? Schreibe auf.

   Die unheimlichen Geräusche stammen von einem Dachs.

6. In welcher Reihenfolge trifft Lisa bei ihrem Rundgang die Figuren? Nummeriere.

Nils	Tante Maren	Leon
2	*3*	*1*

Lösungen Aufgaben (2)

7. Gegen was stößt Nils, als er durch den Gang der Burg läuft? Male an.

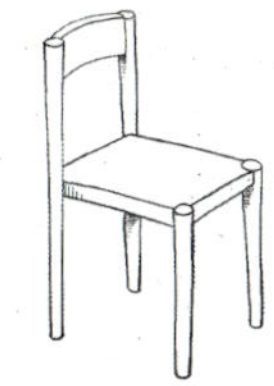
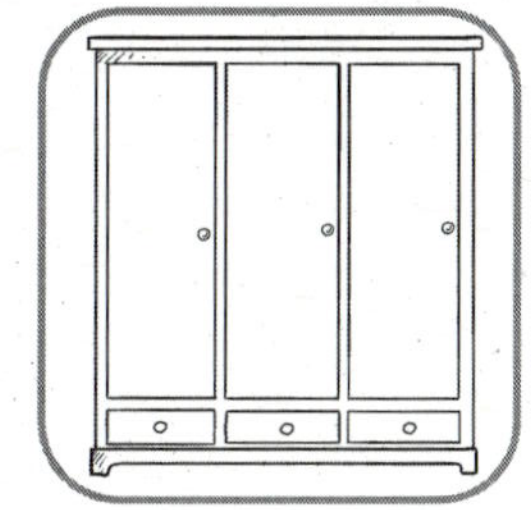

8. Welche Tiere können laut Tante Maren noch unheimliche Geräusche während der Paarungszeit machen? Kreise ein.

9. Fülle den Lückentext aus.

   Lisa glaubt, dass die unheimlichen Geräusche von einem weinenden Kind stammen oder von dem *Burgfräulein*, das als Geist noch immer in der Burg herumspukt. *Leon* vermutet, dass Nils dahintersteckt. *Tante Maren* erklärt den Kindern jedoch, dass die Geräusche von Tieren kommen.

Lösungen Aufgaben (1)

1. Wie heißt die Burg? Schreibe es daneben.

   Burg Nebelmond

2. Schreibe drei Dinge auf, die du über die Geschichte der Burg erfährst. Die Bilder helfen dir dabei.

Hier lebte der Raubritter Karl Grimmzahn, der damals in der ganzen Gegend für Angst und Schrecken sorgte.

Das Burgfräulein Walburga kam bei einem schlimmen Brand ums Leben, aber ihr Geist soll noch immer in der Burg herumspuken.

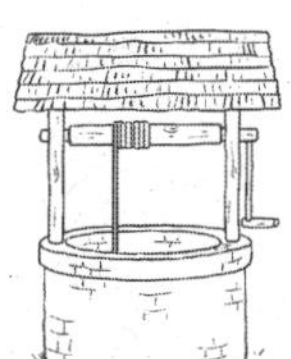

Der Brunnen der Burg ist über 100 Meter tief. Aus diesem haben die Menschen damals ihr Wasser gezogen.

3. Was erfährst du über Nils? Fülle die Lücken aus.

   Nils ist der *Cousin* von Lisa und Leon. Er ist *zwei* Jahre älter als die Zwillinge. Er fühlt sich selbst sehr *cool*.

Lösungen Aufgaben (2)

4. Richtig oder falsch? Kreise den jeweiligen Buchstaben ein. Du erhältst ein Lösungswort.

	richtig	falsch
Nils sagt beim Abendessen, dass die Geschichte über das spukende Burgfräulein Quatsch sei.	P	K
Lisa hat beim Rundgang durch die Burg eine Laterne dabei.	E	A
Zuerst stößt Lisa bei ihrem Rundgang auf Leon.	A	U
Lisa glaubt, dass die Geräusche von Nils kommen und dieser ihnen einen Streich spielen will.	S	R
Nils stößt sich an einer Ritterrüstung, die im Gang der Burg steht. Dabei ertönt ein lautes Scheppern.	A	U
Tante Maren hat von dem Burgführer erfahren, dass es sich bei den Geräuschen um einen Dachs handelt.	S	N
Nils hat in Wirklichkeit Angst gehabt, dass es sich bei den Geräuschen um den Geist des Burgfräuleins handelt.	G	T

Lösungswort: *Paarung*

5. Welche Rolle spielt das Lösungswort für die Geschichte? Schreibe auf.

   Die schauerlichen Geräusche stammen laut Tante Maren von einem Dachs, der sich gerade in der Paarungszeit befindet.

6. Welche Tiere können laut Tante Maren noch unheimliche Geräusche während der Paarungszeit machen? Schreibe auf.

   Katzen und Hirsche können in der Paarungszeit ebenfalls unheimliche Geräusche von sich geben.

Hinweise für die Lehrkraft

Inhalt der Geschichte

Leon würde so gerne etwas mit seinem Kumpel Paul unternehmen, aber der verbringt lieber Zeit mit seinen neuen Freunden. Die jedoch haben oft ganz komische Ideen und stiften Paul zu verschiedenen Mutproben an, die zum Teil gefährlich sind. So soll er etwa bei einer der „Challenges" extrem scharfe Chips essen. Bei der neuesten Challenge soll er von einem Felsen aus in einen Weiher springen. Leon will die gefährliche Mutprobe mithilfe seiner Schwester Lisa verhindern. Doch als er bei seinem Freund ankommt, steht dieser schon zum Sprung bereit. In letzter Minute entscheidet sich Paul selbst dafür, „Nein" zu sagen. Aber zum Nein-Sagen gehört manchmal auch ganz schön viel Mut!

Schwierige Wörter

Die Bedeutung folgender Ausdrücke und Redewendungen sollte zu Beginn geklärt werden:
aufgekratzt: hibbelig, aufgeregt
kneifen: einen Rückzieher machen, etwas aus Angst doch nicht machen
Die Verbindung (beim Telefonieren) bricht ab: Man hört die andere Person beim Telefonieren nicht mehr, weil man zum Beispiel schlechten Empfang hat oder eine Person auflegt.
sich die Haare raufen: verzweifelt sein
in Windeseile: sehr schnell
angrenzen an: Etwas liegt direkt daneben.
sich vom Acker machen: schnell verschwinden
machen, dass man wegkommt: schnell verschwinden

Tipps für den Stundenverlauf

Unterbrechen Sie den Hörspieltext bei dem ersten Felsensymbol. Lassen Sie die Kinder Vermutungen anstellen, was Leon und Lisa unternehmen werden: Informieren sie einen Erwachsenen oder warten sie einfach nur ab?

Pausieren Sie den Hörspieltext erneut bei dem zweiten Felsensymbol. Die Schüler*innen sollen überlegen, ob es Leon noch rechtzeitig zu seinem Freund schaffen wird. Falls ja, kann er ihn dann dazu überreden, nicht zu springen? Oder ist Paul etwa schon gesprungen und hat sich verletzt oder Schlimmeres?

Unterbrechen Sie ein letztes Mal bei dem dritten Felsensymbol. Fragen Sie die Kinder eventuell erst an dieser Stelle, ob sie glauben, dass Paul springt. Die Schüler*innen sollen ihre Vermutungen begründen.

Weiterführende Unterrichtsideen

Gesprächsanlässe:

Die Kinder diskutieren mit einem Partnerkind oder im Plenum über folgende Fragen:

- „Was bedeutet Mut für dich?"
- „Wann warst du schon einmal mutig?"

Die Mutprobe

„Hey, Paul, hast du heute Lust auf Kino?", fragt Leon seinen Kumpel nach dem Unterricht.

„Nee, ich treffe mich gleich mit Danny und Sven", antwortet Paul.

„Schade", meint Leon enttäuscht.

Er würde so gern etwas mit seinem Freund Paul unternehmen, aber seit der mit den beiden älteren Jungen rumhängt, hat er gar keine Zeit mehr für Leon. Selbst das Fußballtraining hat Paul letztens geschwänzt, was er früher nie gemacht hätte.

„Die machen coole Sachen", behauptet Paul. Doch was das für Sachen sind, hat er Leon noch nicht verraten. Zuhause angekommen will Leon seine Zwillingsschwester Lisa fragen, ob sie ihn ins Kino begleitet. Doch die hat es sich gerade mit einem Buch auf dem Sofa gemütlich gemacht.

„Hast du vielleicht Lust, mit ins Kino zu gehen?", fragt er hoffnungsvoll.

„Ein andermal vielleicht", sagt Lisa, „aber gerade lese ich so ein spannendes Buch."

Kurz darauf ploppt eine Nachricht von Paul auf Leons Handy auf.

„Damit du siehst, was wir hier so Cooles machen", schreibt Paul.

Er hat auch ein kurzes Video mitgeschickt. Darauf ist zu sehen, wie er einen anscheinend furchtbar scharfen Chip isst. Paul wird ganz rot im Gesicht, muss husten und kriegt fast keine Luft mehr. Um ihn herum sind Anfeuerungsrufe und Gelächter zu hören. Verständnislos schüttelt Leon den Kopf. Er hat von solchen Mutproben gehört, aber er findet das dumm. Warum machen Leute sowas nur?

„Schau mal, Lisa", sagt er und zeigt seiner Schwester das Video.

„Der spinnt wohl, der Paul!", sagt sie und vertieft sich gleich wieder in ihr Buch.

Leons Handy klingelt und er zieht sich in sein Zimmer zurück.

„Leon, hast du mein Video gesehen?", schreit Paul aufgekratzt in Leons Ohr.

„Wow, war das toll, oder? Ich hab's geschafft! Nicht gekniffen!", lacht er stolz.

Leon weiß nicht, was er sagen soll. Er findet es blöd, was sein Freund da macht.

Aber scheinbar will Paul gar nichts von Leon hören, denn er redet einfach weiter.

„Gleich wird es noch besser, warte mal ab. Das wird bestimmt ein Internet-Hit. Komm in einer Stunde zu unserem alten Treffpunkt, dem Felsen über dem kleinen Weiher. Dann wirst du Zeuge von …"

„Hey, halt die Klappe!", hört Leon Danny im Hintergrund rufen. „Das bleibt noch geheim!"

Da bricht die Verbindung ab. Leon ist unruhig. Irgendwie hört sich das alles nicht gut an. Was hat Paul nur vor? Er wird doch nicht vom Felsen aus in den Weiher springen wollen? Früher haben sie sich oft dort oben getroffen.
Aber runtergesprungen sind sie nie, das wäre viel zu gefährlich! Selbst wenn Paul es schaffen würde, vom Felsen aus das Wasser zu treffen … In dem Weiher sind unter der Wasseroberfläche viele Felsbrocken. Wenn man darauf springen würde, könnte man sich alle möglichen Knochen brechen, wenn nicht sogar schlimmer!
Leon geht zurück ins Wohnzimmer, er muss mit seiner Schwester reden.
„Du Lisa…“ Lisa verdreht die Augen und stöhnt: „Mensch, Leon, ich habe doch gesagt, dass ich lesen will. Geh doch einfach allein ins Kino!“
„Darum geht's nicht“, sagt Leon verzweifelt. „Ich glaube, Paul steckt in Gefahr, vielleicht sogar in Lebensgefahr!“
Lisa klappt endlich ihr Buch zu.
Leon erzählt seiner Schwester, was Paul am Telefon gesagt hat.
„Wenn du Recht hast mit deiner Vermutung, dann müssen wir sofort Pauls Eltern informieren. Oder besser gleich die Polizei rufen“, meint Lisa.
Leon schüttelt den Kopf. „Wir können ihn doch nicht verpetzen. Er ist unser Freund!“
„Eben deshalb! Gib mir dein Handy!“
„Nein, Lisa, das können wir nicht machen!“
„Willst du schuld daran sein, wenn ihm was passiert?“, ruft Lisa.
Ratlos rauft sich Leon die Haare.

„Jetzt ist es eh fast zu spät, jemandem Bescheid zu sagen. Bis wir das alles erklärt haben und bis die dann endlich losfahren … Außerdem kann man mit dem Auto nur bis zum Waldrand fahren, danach sind die Wege viel zu eng für ein Auto“, sagt Leon und schaut dabei auf die Uhr.
„Also los, worauf warten wir noch?“, ruft Lisa und springt auf. „Dann müssen wir selbst hin und Paul von seinem gefährlichen Plan abhalten.“
In Windeseile schnappen die beiden ihre Jacken und sprinten los in Richtung des Waldes, an welchen der Weiher angrenzt. Hoffentlich ist es noch nicht zu spät, denkt Leon nervös. Obwohl sie fast nicht mehr können, rennen die Geschwister immer weiter, bis sie schließlich an dem Felsen ankommen.

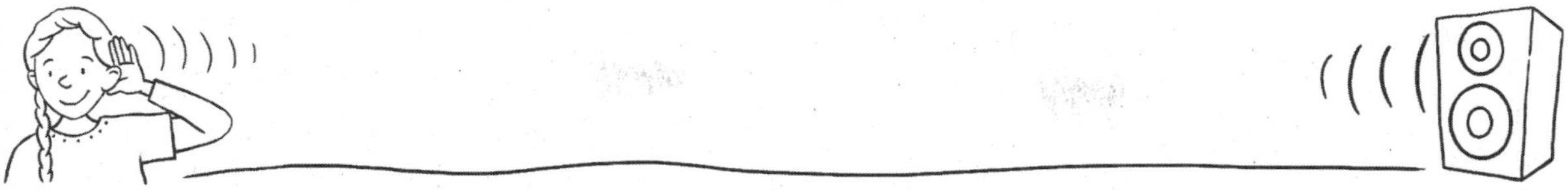

Tatsächlich! Leon hatte Recht mit seiner Vermutung. Schon von Weitem sehen sie Paul, der sprungbereit auf dem Felsen steht. Sven und Danny stehen mit gezückten Handys neben ihm und reden auf ihn ein.
„Paul, tu's nicht!", schreit Leon.
„Komm da runter!", ruft Lisa.
Wie in Zeitlupe dreht Paul sich zu Leon um.
„Hey, Leute! Schön, dass ihr gekommen seid", sagt er.
„Los, mach schon!", drängt Sven.
„Kriegst du wohl kalte Füße, du Schisser?", mault Danny. „Ich hätte nicht gedacht, dass du so ein Versager bist."
Paul zögert kurz.

Doch schließlich klettert Paul von dem Felsen runter und kommt zu Lisa und Leon. Zu Danny und Sven sagt er: „Wisst ihr was? Macht, was ihr wollt, aber ab heute ohne mich. Ich bin kein Versager. Ich bin sogar ziemlich mutig. Zum Nein-Sagen gehört nämlich auch ganz schön viel Mut!"
Erleichtert atmet Leon auf und klopft seinem Freund auf den Rücken.
„Da hast du Recht. Lass die in Zukunft ihren Blödsinn alleine machen."
Lisa dreht sich zu Danny und Sven.
„Ich an eurer Stelle würde mich ganz schnell vom Acker machen. Wir haben eure Eltern und die Polizei informiert, die werden in wenigen Minuten da sein!", flunkert sie.
Schnell klettern nun auch Danny und Sven vom Felsen runter und machen, dass sie wegkommen.
„Das sollten wir übrigens wirklich tun", meint Lisa. „Deren Eltern informieren, damit die erfahren, was ihre Kinder da tun. Denn irgendwann wird das böse enden."
Leon nickt.
„Jetzt hätte ich doch Zeit und Lust fürs Kino", sagt Paul augenzwinkernd.
Lisa und Leon lachen erleichtert und die beiden Jungen machen sich gut gelaunt auf den Weg ins Kino.

Text als Audio →

Aufgaben (1)

1. Was erfährst du über Danny und Sven? Kreuze an.

   ☐ Sie sind älter als Paul und machen laut Paul „coole“ Sachen. (N)

   ☐ Sie gehen in die Klasse von Paul und spielen mit ihm Handball. (S)

   ☐ Sie sind älter als Paul und schwänzen häufig die Schule. (L)

2. Warum will Lisa nicht mit Leon ins Kino? Kreuze an.

   ☐ Sie liegt krank im Bett. (i)

   ☐ Sie liest gerade ein spannendes Buch. (e)

   ☐ Sie muss noch für die Schule lernen. (a)

3. Was ist auf dem Video zu sehen, das Paul Leon schickt? Kreuze an.

   ☐ Darauf sind süße Katzenbabys zu sehen. (o)

   ☐ Darauf ist zu sehen, wie Paul in Badehose am Weiher steht. (g)

   ☐ Darauf ist zu sehen, wie Paul einen besonders scharfen Chip isst. (i)

4. Warum ist es gefährlich, in den Weiher zu springen? Kreuze an.

   ☐ Paul kann nicht gut schwimmen. (t)

   ☐ In dem Weiher sind unter der Oberfläche viele Felsbrocken. (n)

   ☐ In dem Weiher gibt es gefährliche Fische. (k)

5. Warum will Leon nicht Pauls Eltern oder die Polizei informieren? Kreuze an.

   ☐ Leon denkt, dass Paul die Mutprobe locker schafft. (.)

   ☐ Leon kennt die Telefonnummern von Pauls Eltern und der Polizei nicht. (?)

   ☐ Leon will Paul nicht verpetzen, weil er sein Freund ist. (!)

6. Die Buchstaben hinter den richtigen Antworten von Aufgabe 1 bis 5 ergeben ein Lösungswort: ______________

7. Welche Rolle spielt das Lösungswort in der Geschichte? Schreibe auf.

   ____

   ____

Aufgaben (2)

8. Von wo aus soll Paul in den Weiher springen? Male an.

9. Wer sagt was? Verbinde.

„Wow, war das toll, oder? Ich hab's geschafft! Nicht gekniffen!"
„Willst du schuld daran sein, wenn ihm was passiert?"
„Außerdem kann man mit dem Auto nur bis zum Waldrand fahren, danach sind die Wege viel zu eng für ein Auto."
„Paul, tu's nicht!"
„Hey, Leute! Schön, dass ihr gekommen seid."
„Kriegst du wohl kalte Füße, du Schisser?"
„Ich an eurer Stelle würde mich ganz schnell vom Acker machen."
„Jetzt hätte ich doch Zeit und Lust fürs Kino."

Lisa

Leon

Paul

Danny

10. Was sagt Paul am Ende zu Danny und Sven? Ergänze die Lücken.

„Wisst ihr was? Macht, was ihr __________, aber ab heute ohne __________.

Ich bin kein ________________. Ich bin sogar ziemlich ______________.

Zum ________________ gehört nämlich auch ganz schön viel Mut!"

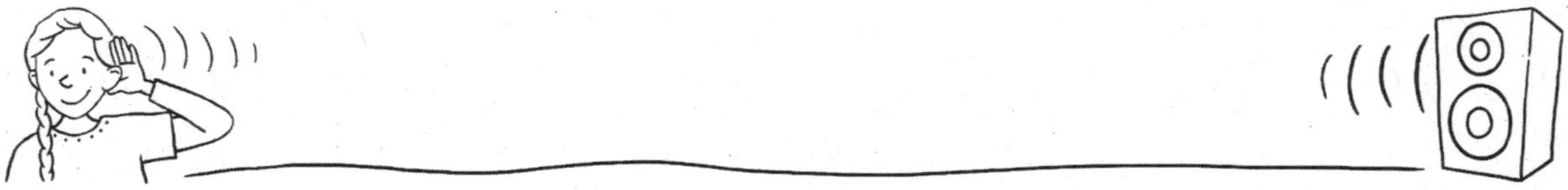

Aufgaben (1)

1. Warum kommt Paul nicht mit Leon ins Kino? Schreibe auf.

2. Warum will Lisa nicht mit ins Kino? Schreibe auf.

3. Was ist auf dem Video zu sehen, das Paul an Leon schickt? Skizziere es.

4. Warum ist es so gefährlich, von dem Felsen in den Weiher zu springen? Schreibe auf.

5. Leon meint: „Wir können Paul doch nicht verpetzen. Er ist unser Freund!" Was sagst du dazu? Begründe deine Meinung.

Aufgaben (2)

6. Wer sagt das? Trage die richtigen Namen ein.

- „Wow, war das toll, oder? Ich hab's geschafft! Nicht gekniffen!", lacht ______________ stolz.
- „Willst du schuld daran sein, wenn ihm was passiert?", ruft ______________.
- „Außerdem kann man mit dem Auto nur bis zum Waldrand fahren, danach sind die Wege viel zu eng für ein Auto", sagt ______________.
- „Paul, tu's nicht!", schreit ______________.
- „Hey, Leute! Schön, dass ihr gekommen seid", sagt ______________.
- „Kriegst du wohl kalte Füße, du Schisser?", mault ______________.
- „Wir haben eure Eltern und die Polizei informiert, die werden in wenigen Minuten da sein!", flunkert ______________.
- „Jetzt hätte ich doch Zeit und Lust fürs Kino", sagt ______________ augenzwinkernd.

7. Was sagt Paul am Ende zu Danny und Sven? Schreibe in eigenen Worten.

Lösungen Aufgaben (1)

1. Was erfährst du über Danny und Sven? Kreuze an.
   - ☒ Sie sind älter als Paul und machen laut Paul „coole" Sachen. (N)
   - ☐ Sie gehen in die Klasse von Paul und spielen mit ihm Handball. (S)
   - ☐ Sie sind älter als Paul und schwänzen häufig die Schule. (L)
2. Warum will Lisa nicht mit Leon ins Kino? Kreuze an.
   - ☐ Sie liegt krank im Bett. (i)
   - ☒ Sie liest gerade ein spannendes Buch. (e)
   - ☐ Sie muss noch für die Schule lernen. (a)
3. Was ist auf dem Video zu sehen, das Paul Leon schickt? Kreuze an.
   - ☐ Darauf sind süße Katzenbabys zu sehen. (o)
   - ☐ Darauf ist zu sehen, wie Paul in Badehose am Weiher steht. (g)
   - ☒ Darauf ist zu sehen, wie Paul einen besonders scharfen Chip isst. (i)
4. Warum ist es gefährlich, in den Weiher zu springen? Kreuze an.
   - ☐ Paul kann nicht gut schwimmen. (t)
   - ☒ In dem Weiher sind unter der Oberfläche viele Felsbrocken. (n)
   - ☐ In dem Weiher gibt es gefährliche Fische. (k)
5. Warum will Leon nicht Pauls Eltern oder die Polizei informieren? Kreuze an.
   - ☐ Leon denkt, dass Paul die Mutprobe locker schafft. (.)
   - ☐ Leon kennt die Telefonnummern von Pauls Eltern und der Polizei nicht. (?)
   - ☒ Leon will Paul nicht verpetzen, weil er sein Freund ist. (!)
6. Die Buchstaben hinter den richtigen Antworten von Aufgabe 1 bis 5 ergeben ein Lösungswort: *Nein!*
7. Welche Rolle spielt das Lösungswort in der Geschichte? Schreibe auf.

   Paul sagt am Ende „Nein!" zu der gefährlichen Mutprobe und beweist damit sehr viel Mut.

Lösungen Aufgaben (2)

8. Von wo aus soll Paul in den Weiher springen? Male an.

9. Wer sagt was? Verbinde.

„Wow, war das toll, oder? Ich hab's geschafft! Nicht gekniffen!"
„Willst du schuld daran sein, wenn ihm was passiert?"
„Außerdem kann man mit dem Auto nur bis zum Waldrand fahren, danach sind die Wege viel zu eng für ein Auto."
„Paul, tu's nicht!"
„Hey, Leute! Schön, dass ihr gekommen seid."
„Kriegst du wohl kalte Füße, du Schisser?"
„Ich an eurer Stelle würde mich ganz schnell vom Acker machen."
„Jetzt hätte ich doch Zeit und Lust fürs Kino."

Lisa
Leon
Paul
Danny

10. Was sagt Paul am Ende zu Danny und Sven? Ergänze die Lücken.

„Wisst ihr was? Macht, was ihr *wollt*, aber ab heute ohne *mich*.

Ich bin kein *Versager*. Ich bin sogar ziemlich *mutig*.

Zum *Nein-Sagen* gehört nämlich auch ganz schön viel Mut!"

Lösungen Aufgaben (1)

1. Warum kommt Paul nicht mit Leon ins Kino? Schreibe auf.

   Paul trifft sich schon mit Danny und Sven.

2. Warum will Lisa nicht mit ins Kino? Schreibe auf.

   Lisa liest gerade ein spannendes Buch.

3. Was ist auf dem Video zu sehen, das Paul an Leon schickt? Skizziere es.

4. Warum ist es so gefährlich, von dem Felsen in den Weiher zu springen? Schreibe auf.

   Unter der Wasseroberfläche sind viele Felsbrocken. Wenn man darauf springen würde, könnte man sich stark verletzen. Im schlimmsten Fall endet das tödlich.

5. Leon meint: „Wir können Paul doch nicht verpetzen. Er ist unser Freund!“ Was sagst du dazu? Begründe deine Meinung.

   Beispiellösung: Ich finde es hier gut, wenn man den Eltern Bescheid gibt, weil sich Paul in Gefahr befindet. Sicherheit geht immer vor.

Lösungen Aufgaben (2)

6. Wer sagt das? Trage die richtigen Namen ein.
   - „Wow, war das toll, oder? Ich hab's geschafft! Nicht gekniffen!“, lacht *Paul* stolz.
   - „Willst du schuld daran sein, wenn ihm was passiert?“, ruft *Lisa*.
   - „Außerdem kann man mit dem Auto nur bis zum Waldrand fahren, danach sind die Wege viel zu eng für ein Auto“, sagt *Leon*.
   - „Paul, tu's nicht!“, schreit *Leon*.
   - „Hey, Leute! Schön, dass ihr gekommen seid“, sagt *Paul*.
   - „Kriegst du wohl kalte Füße, du Schisser?“, mault *Danny*.
   - „Wir haben eure Eltern und die Polizei informiert, die werden in wenigen Minuten da sein!“, flunkert *Lisa*.
   - „Jetzt hätte ich doch Zeit und Lust fürs Kino“, sagt *Paul* augenzwinkernd.

7. Was sagt Paul am Ende zu Danny und Sven? Schreibe in eigenen Worten.

Beispiellösung: Macht, was ihr wollt. Aber ohne mich! Ich bin kein Feigling. Im Gegenteil: Ich bin sehr mutig. Man braucht nämlich viel Mut, um auch mal Nein zu sagen!